Markus Stolzenburg

Dialogdarstellung für digitale Spiele

Eine Schnittstelle
zwischen Game Writer und Entwicklerteam

Bachelor + Master
Publishing

Stolzenburg, Markus: Dialogdarstellung für digitale Spiele. Eine Schnittstelle zwischen Game Writer und Entwicklerteam, Hamburg, Diplomica Verlag GmbH 2012
Originaltitel der Abschlussarbeit: Ein innovativer Ansatz zur Visualisierung und Erstellung von Dialogen für digitale Spiele

ISBN: 978-3-86341-426-9
Druck: Bachelor + Master Publishing, ein Imprint der Diplomica® Verlag GmbH, Hamburg, 2012
Zugl. Universität Duisburg-Essen, Essen, Deutschland, Bachelorarbeit, 2012

Bibliografische Information der Deutschen Nationalbibliothek:
Die Deutsche Nationalbibliothek verzeichnet diese Publikation in der Deutschen Nationalbibliografie; detaillierte bibliografische Daten sind im Internet über http://dnb.d-nb.de abrufbar.

Die digitale Ausgabe (eBook-Ausgabe) dieses Titels trägt die ISBN 978-3-86341-926-4 und kann über den Handel oder den Verlag bezogen werden.

Zusammenfassung

Für die Erstellung von Dialogen für Videospiele werden unterschiedlichste Softwarelösungen herangezogen. Das Spektrum reicht hier von Dialogeditoren, die speziell für Game Writer entwickelt wurden, bis hin zu Textverarbeitungs- und Tabellenkalkulationsprogrammen. Ein Problem, das diese Werkzeuge teilen, ist die Darstellung von verzweigten Dialogen. Oftmals werden hier Graphen verwendet, die schnell über den zur Verfügung stehenden Platz hinauswachsen und ein Navigieren erschweren. Diese Arbeit soll hierfür einen Lösungsansatz bieten.

Um dieses Ziel zu erreichen, werden aktuelle Werkzeuge sowie die Rolle des Game Writers in Entwicklerteams analysiert. Auf Basis dieser Grundlage wird ein Konzept für eine Dialogdarstellung entwickelt, die sich für die Erstellung und Evaluation von Dialogen eignet. Darüber hinaus liefert die prototypische Umsetzung des Konzeptes, welche die Kernfunktionalitäten aufweist, einen Machbarkeitsnachweis, um die Anforderungen an eine Visualisierung zu validieren.

Schlüsselwörter: Videospiele, Dialoge, Visualisierung, Game Writing

Abstract

There are several software solutions in use to write dialogs for video games. The spectrum ranges from dialog editors that were specially developed for game writers to text processing programs and spreadsheet software. One problem, that those tools have in common, is the representation of branching dialogs. Often graphs are used but they outgrow the available space quite fast and make navigation very difficult. This thesis shall provide a solution to this problem.

To achieve this goal current tools as well as the role of the game writer in developing teams are analyzed. Based on this groundwork a concept for the visualization of dialogs will be developed that supports the writing and evaluation of dialogs. Furthermore the prototypical implementation provides a proof of concept to validate the requirements for representations.

Keywords: Video Games, Dialog, Dialogue, Visualization, Game Writing

Inhaltsverzeichnis

1 Einleitung   **1**
   1.1   Motivation   1
   1.2   Zielsetzung   2

2 Game Writing   **3**
   2.1   Der Game Writer im Entwicklerteam   3
      2.1.1   Game Designer   4
      2.1.2   Programmierer   5
      2.1.3   Künstler   6
   2.2   Möglichkeiten des Storytellings   6
      2.2.1   Videosequenzen   7
      2.2.2   Dialoge   8
         2.2.2.1   Bedingungen   10

3 Werkzeuge der Autoren   **13**
   3.1   Chat Mapper   13
   3.2   articy:draft   15
   3.3   Final Draft   17
   3.4   Scrivener   18
   3.5   Mindmapping-Software   19
   3.6   Calliope-d   20
   3.7   SimDialog   22
   3.8   ScriptEase & Aurora Toolset   24
   3.9   Anforderungen an die Visualisierung von Dialogen   26
   3.10   Bewertung der Werkzeuge   27

4 Konzeption einer Visualisierung   **34**
   4.1   Platz   34
   4.2   Arbeitsoberfläche   35
      4.2.1   Verzweigte Pfade   36
      4.2.2   Aktionsgruppe   37
      4.2.3   Dialogaktionen   37
      4.2.4   Endknoten   38
      4.2.5   Brotkrumennavigation   39
      4.2.6   Startknoten   40
      4.2.7   Dialogfilter   41

5 Prototypische Umsetzung   **43**

  5.1 Entwicklungsumgebung 43

  5.2 Dialogfilter 44

  5.3 Dialogansicht 45

      5.3.1 Brotkrumennavigation 45

      5.3.2 Aktionsgruppen und Dialogaktionen 47

           5.3.2.1 Erstellen und Bearbeiten 49

      5.3.3 Evaluation 50

  5.4 Zusammenfassung 51

6 Schlussfolgerung   **52**

  6.1 Kritische Reflexion 52

  6.2 Fazit 53

  6.3 Ausblick 53

  6.4 Persönliche Bemerkungen 54

Glossar   **55**

Abbildungsverzeichnis   **56**

Literaturverzeichnis   **58**

1 Einleitung

„Ich erfinde nichts – ich entdecke nur etwas neu"

-François Auguste René Rodin

Game Writer vereinen die alte Tradition des Geschichtenerzählens mit der modernen Technologie der heutigen Spieleindustrie. Das Game Writing stellt dabei eine eigene „Kunstform" dar, da eine Geschichte in digitalen Spielen nicht einfach linear erzählt werden kann. Die Spieler haben das Ruder in der Hand und Game Writer müssen sich der Aufgabe stellen, dem Spieler die Geschichte zu erzählen, ohne zu wissen, was dieser als nächstes tut. Eine besondere Herausforderung spielt hier die Interaktivität der Dialoge. Oftmals haben Spieler die Möglichkeit, Entscheidungen in Dialogen zu treffen und so den Spielverlauf zu beeinflussen. Die Wahlmöglichkeiten in Dialogen können auch von Game Writern genutzt werden, um eine Illusion von spielerischer Freiheit bei den Spielern zu erzeugen. Auf diese Weise können nichtlineare Dialoge mit der Geschichte eine Spiels verknüpft werden, um diese linear zu erzählen. Da eine einzelne Dialogzeile keinen Entscheidungsfreiraum bietet, müssen mehrere Zeilen geschrieben und miteinander verbunden werden, um zu unterschiedlichen Ausgängen eines Dialoges führen zu können.

Um diese Aufgabe zu erleichtern, soll in dieser Bachelorarbeit eine Visualisierung entwickelt werden, die es erlaubt verzweigte Dialogstrukturen abzubilden und zu erstellen. Darüber hinaus soll die Möglichkeit gegeben sein, während der Entwicklungszeit eines Spiels die Dialoge mit Hilfe der Visualisierung zu evaluieren. Dies soll die Konsistenz der Dialoge – hinsichtlich des Sprachgebrauchs und der Resultate – gewährleisten.

1.1 Motivation

Das Game Writing ist eine Disziplin, die sich über den gesamten Entwicklungsprozess eines Spiels erstrecken kann und stark beeinflussend auf viele Bereiche der Entwicklung wirkt. Daraus resultiert, dass die eingesetzten Werkzeuge jeden Bereich mit den nötigen Informationen versorgen müssen. Aktuelle Dialogeditoren verwenden Graphen zur Darstellung der Elemente eines Dialoges. Da es sich dabei jedoch nicht um platzfüllende Darstellungsformen handelt, wird der verfügbare Platz schnell überstiegen. Deshalb müssen grafische Repräsentationen gefunden werden, die eine durchschaubare Mischung aus Daten, Interaktionsmöglichkeiten und Abhängigkeiten gewährleisten können. Darüber hinaus betrachten Dialogeditoren zumeist die Thematik der Evaluation nicht oder nicht ausreichend genug, um eine adäquate Leistung in diesem Bereich zu erbringen. Zumeist muss die Evaluation manuell erfolgen, indem die Ansicht von einem Knoten zum nächsten verschoben wird, da diese — aufgrund des begrenzten Platzes — nicht gleichzeitig dargestellt werden können. Die mangelnde Übersicht kann sich somit als Fehlerquelle herausstellen und sich negativ auf die Bewertung und Anpassung von Dialogen auswirken.

1.2 Zielsetzung

In dieser Bachelorarbeit soll eine innovative Darstellungsform entwickelt werden, die besonders auf die Bedürfnisse von Game Writern zugeschnitten ist. Die Anforderungen, die sich aus der Arbeit in Entwicklerteams ergeben, sollen dabei jedoch nicht vergessen werden. Die Visualisierung soll nicht nur der Demonstration von Dialogen dienen, sondern eine voll funktionsfähige Arbeitsoberfläche darstellen, die zur Erstellung und Evaluation von Dialogen genutzt werden kann. Bei der Entwicklung der Visualisierung werden wissenschaftliche Arbeiten aus den Bereichen *Game Writing* und *Daten-Visualisierung* berücksichtigt. Des Weiteren sollen auch Kriterien aus der Software-Ergonomie beachtet werden, um eine gebrauchstaugliche Arbeitsoberfläche zu gestalten.

Das entwickelte Konzept soll prototypisch auf Basis der *Windows Presentation Foundation (WPF)* mit der Programmiersprche *C#* umgesetzt werden. Durch die Darstellung von Dialogen aus Spielen soll abschließend ein Machbarkeitsnachweis geliefert und eine Diskussionsgrundlage für eine platzfüllende Visualisierung von Dialogen in Videospielen geschaffen werden.

2 Game Writing

Dieses Kapitel beschäftigt sich mit dem Tätigkeitsfeld der Game Writer. Es werden die Aufgaben, die diese im Entwicklerteam übernehmen, beschrieben und gezeigt welche Möglichkeiten zur Verfügung stehen, um Spielern narrative Inhalte zu vermitteln. Da sich diese Bachelorarbeit in erster Linie der Darstellung und Bearbeitung von Dialogen widmet, wird dieses Themenfeld eingehender betrachtet. Abschließend wird die in den folgenden Kapiteln wichtige verwendete Terminologie festgelegt.

2.1 Der Game Writer im Entwicklerteam

Game Writer kommen im Entwicklungsprozess an vielen Stellen zum Einsatz. In Sportspielen formulieren sie beispielsweise die Sätze der Kommentatoren, in Abenteuerspielen sind sie zuständig für die Ausarbeitung der Dialoge und in Rollenspielen schreiben sie unter anderem die Beschreibungen für Quests und Gegenstände. Inhalt ihrer Arbeit sind aber auch Benutzerhandbücher, Lösungsbücher oder die Hintergrundgeschichten von Charakteren und ganzen Spielwelten [Bat04]. Ein Beispiel dafür ist der Kodex aus dem Spiel *Dragon Age Origins (BioWare)*, mit dessen Hilfe der Spieler Informationen über die Welt *Thedas* sammeln und – nach eigenem Interesse an der Geschichte – lesen kann. Game Writer sind damit für sämtliche narrativen Inhalte eines Spieles verantwortlich. Wie stark ein Game Writer in einem Projekt involviert ist, hängt in erster Linie von der Art des Spiels ab. In Spielen, die stark handlungsgetrieben sind, können sie für die gesamte Handlung des Spiels verantwortlich sein. In anderen Projekten kann es sich nur um die Ausformulierung und Lokalisation von Texten handeln [Boe11]. Abhängig von der Arbeit und der damit verbundenen Verantwortung ist auch die Art der Beschäftigung. Oftmals sind Game Writer Freelancer, die nur an bestimmten Zeitpunkten des Entwicklungsprozess am Projekt mitarbeiten [Bat04].

Da ein nicht unerheblicher Anteil der Game Writer vor Eintritt in die Spielebranche als Drehbuchautoren arbeiteten, wird an dieser Stelle kurz die Arbeit beider Berufe voneinander abgegrenzt. Während ein Drehbuchautor eine Idee für einen Film niederschreibt und diese an ein Filmstudio schickt, damit der Film produziert wird, suchen Game Studios nach Game Writern, um eine bestehende Spielidee durch narrative Inhalte zu ergänzen. Das bedeutet allerdings nicht, dass zwischen Game Writern und dem restlichen Team keine Zusammenarbeit stattfindet oder, dass Game Writer keine Verbesserungsvorschläge einbringen können. Jedoch geschieht dies in der Regel in Absprache mit Game Designern, Programmierern oder Künstlern(Sound, 2D, 3D etc.) [Inc06].

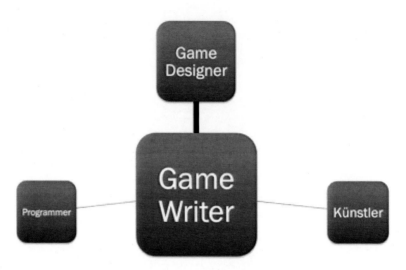

Abb. 2.1: *Einfache Darstellung eines Entwicklungsteams aus Sicht der Game Writer*

2.1.1 Game Designer

In Abbildung 2.1 sind die Verbindungen des Game Writers zu den weiteren Teammitgliedern zu sehen. Je stärker die dargestellte Verbindung, desto enger ist die Zusammenarbeit und die Beziehung zum Game Writer. Im Entwicklungsprozess haben Game Writer die stärkste Beziehung zum Game Designer. Der Game Designer hat die Vision vor Augen, wie das endgültige Spiel einmal aussehen soll [Mar06]. Er ist derjenige, der den Spaß ins Spiel bringt und für gutes Spielerlebnis sorgt. Als einer der zentralen Entscheidungsträger muss er Vorschläge des Teams im Hinblick auf die Spielidee und ihre Durchführbarkeit abwägen und Entscheidungen treffen, ob Veränderungen am Game Design vorgenommen werden. Daraus ergibt sich, dass die Vision des Game Designers nicht von Anfang bis Ende unveränderlich feststeht. Im Entwicklungsprozess müssen Anpassungen vorgenommen werden, die sich zum Beispiel aus den technischen Restriktionen der Hardware-Plattform, der begrenzten Entwicklungszeit und dem Budget ergeben.
Die Vision beeinflusst besonders die Arbeit des Game Writers, da sich hierdurch zum Beispiel sein Schreibstil ergibt. Im Falle eines atmosphärisch düsteren Spiels würde sich ein blumiger und fröhlicher Schreibstil negativ auf das Gameplay und besonders auf die Immersion auswirken. In gleichen Maßen muss der Game Writer das Bild, das der Game Designer von einer Figur und dessen Charakter hat, berücksichtigen, damit der Spieler anhand der Dialoge und der Geschichte den Archetypus einer Figur erkennen kann.
Darüber hinaus muss der Game Writer Informationen erhalten, wie die narrativen Inhalte an den Spieler übermittelt werden sollen. Sind aufwendige Videosequenzen geplant? Kann auf Scripted-Scenes und Dialoge zurückgegriffen werden? Dies sind einige von

vielen Fragen, die einem Game Writer beantwortet werden müssen.

2.1.2 Programmierer

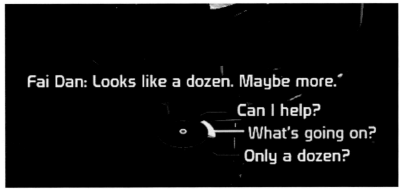

Abb. 2.2: *Mass-Effect - Das Dialog-Wheel*

Abb. 2.3: *Mass-Effect - Aufbau des Dialog-Wheels*

Der Programmierer erweckt die Vision des Game Designers zum Leben. Im Gegensatz zum Game Writer ist ein Programmierer meist vom ersten Tag der Umsetzung am Projekt beteiligt und bleibt dies bis zum Tag der Fertigstellung und gegebenenfalls noch darüber hinaus. Sein Arbeitsbereich erstreckt sich unter anderem über die Umsetzung der Spiellogik, der grafischen Effekte, der Integration von Assets und der Programmierung der künstlichen Intelligenz. Je nach Größe des Projektes und des Entwicklungsteams widmen sich ein einzelner oder aber mehrere Programmierer diesen Komponenten [Bat04]. Als Schnittstelle zum Game Writer ist besonders die Umsetzung eines Dialogsystems zu nennen, das letztendlich den Charakteren die Worte des Game Writers in den Mund legt. Maßgeblich ist hier auch die verwendete Game Engine. *Torque (Garagegames)* und *Virtools (3DExperience)* verwenden beispielsweise eine Skriptsprache zur Umsetzung der Dialoge, was dazu führen kann, dass Programmierer die Texte des

Game Writers in die Skriptsprache der Game Engine übertragen müssen [OBBC08]. Als Beispiel für die Darstellung eines Dialogsystems in einem Spiel soll hier das *Dialog-Wheel* aus dem Spiel *Mass Effect (BioWare)[1]* dienen.

In der Abbildung 2.2 ist das *Dialog-Wheel* auf die Aussage *„Looks like a dozen. Maybe more."* von *Fai Dan* zu sehen. Der Spieler kann sich hier zwischen den Aussagen *„Can i help?" „Whats going on?"* und *„Only a dozen?"* entscheiden. Dabei ist der Aufbau des *Dialog-Wheels* stets der selbe (siehe Abbildung 2.3). In diesem Beispiel kann der Spieler eine neutrale Aussage (in Abbildung 2.2 gelb markiert) treffen oder sich für eine Antwort entscheiden, die einem Vorbild (engl. Paragon) oder einem Abtrünnigen (engl. Renegade) entspricht. Die Wahl beeinflusst den späteren Spielverlauf, da sich der Spieler so einen bestimmten Ruf erarbeitet, der sich in der Reaktion von Nicht-Spieler-Charakteren auf ihn widerspiegelt. Je nach Spielsituation und Ausbau der Fähigkeiten des Spielers-Charakters kann die Anzahl der Auswahlmöglichkeiten variieren. Für den Game Writer bedeutet dies, dass er bei diesem Dialogsystem für bis zu sechs Auswahlmöglichkeiten Dialogzeilen verfassen muss, die zu einer Verzweigung des Dialogs führen.

2.1.3 Künstler

Der 2D- und 3D-Künstler setzt die Idee eines Charakters grafisch um. Der Game Designer gibt dabei einen Rahmen vor, wie zum Beispiel die zeitliche Epoche definiert ist, in der das Spiel anzusiedeln ist, und ob es nur eine menschliche Rasse gibt oder der Charakter als Teil der Spielwelt einer anderen Rasse entstammt. Der Game Writer wird diesen Rahmen durch Details füllen, indem er zum Beispiel eine Hintergrundgeschichte zu einem Charakter verfasst. Dieser könnte gemäß seiner kriegerischen Natur im Kampf ein Auge verloren haben, was der Künstler bei der Erstellung des Models beachten sollte. Im besten Fall sollte das Aussehen des Charakters dem Bild entsprechen, welches der Game Writer im Kopf des Spielers erzeugt, da es ansonsten auch hier zu einer Störung der Immersion kommen kann.

2.2 Möglichkeiten des Storytellings

Game Writern stehen mehrere Stilmittel zur Verfügung, um Spielern narrative Inhalte zu vermitteln. Hier soll nun ein kurzer Überblick über die Möglichkeiten gegeben werden.

Quelle: http://blog.arunace.com/?attachment$_i d = 1982$

Abb. 2.4: *Diablo 3 - Videosequenz (mit Leah)*

Quelle: http://diablo.gameplorer.de/bilderstrecken/akt-1-in-bildern/18/

Abb. 2.5: *Diablo 3 - Scripted-Scene*

2.2.1 Videosequenzen

Ein Mittel, bei welchem die Arbeit des Game Writers der des Drehbuchautoren am nächsten kommt, ist die Videosequenz (in Form eines Game Intros oder einer Cutscene). Dabei handelt es sich meist um eine hochwertig produzierte filmähnliche Szene, die jedem Spieler auf die gleiche Weise präsentiert wird. Videosequenzen werden besonders bei Schlüsselmomenten oder Wendepunkten in einem Spiel verwendet. Dabei kommt es zu einem Kontrollverlust, was bedeutet, dass Spieler nicht mehr in die Szene eingreifen können. Eng verwandt mit der Videosequenz ist die Scripted-Scene. Dabei handelt es sich um eine Sequenz, die mit den Mitteln der Game Engine umgesetzt wird.

---

[1]Bei der Entwicklung der *Mass Effect-Triologie* wurde sehr viel Verantwortung durch Drew Karpyshyn, der als Game Writer und Romanautor arbeitet, übernommen. Als Hauptverantwortlicher entwickelte er das „Drehbuch" des Spiels und darüber hinaus veröffentlichte er drei Romane, welche die *Mass Effect-Teile* einleiten und miteinander verbinden.

Es besteht somit kein grafischer Unterschied zum Rest des Spiels. Die Abbildungen 2.2.1 und 2.5 sollen den grafischen Unterschied zwischen einer Videosequenz und einer Scripted-Scene verdeutlichen. Auch bei Scripted-Scenes verliert der Spieler die Kontrolle über das Spiel. Allerdings gibt es Spiele, die diesen Kontrollverlust vermeiden. In *Half-Life 2 (Valve)* und *World of Warcraft (Blizzard)* behält der Spieler weiterhin die Kontrolle über seinen Charakter und kann mit der Umgebung interagieren. Er trifft somit selbst die Entscheidung, ob er der Szene seine Aufmerksamkeit widmet oder nicht. Die Szenen haben unabhängig von den Aktionen des Spielers einen linearen Verlauf. Der Game Writer kann somit – wie bei einem Drehbuch – die Dialogzeilen schreiben und Regieanweisungen geben.

2.2.2 Dialoge

Eine besonders interaktive Möglichkeit des Storytellings sind Dialoge. Damit sind Gespräche im Spiel zwischen dem Spieler und Nicht-Spieler-Charakteren gemeint. Hier hat der Spieler die Möglichkeit sich innerhalb eines Menüs für Dialogzeilen zu entscheiden, die sein Charakter äußert. In Abbildung 2.6 ist ein solches Menü im Spiel *The Elder Scrolls V: Skyrim (Bethesda Softworks)* zu sehen und auch das *Dialog-Wheel* aus *Mass Effect* in der Abbildung 2.2 auf Seite 5 stellt ein solches Dialog-Menü dar. Die Beson-

Abb. 2.6: *Skyrim - Dialog mit Farengar Heimlich-Feuer*

derheit bei Dialogen ist, dass diese sich entsprechend der getroffenen Wahl des Spielers verzweigen. Für Game Writer bedeutet dies, dass sie nicht einfach einen Dialog Zeile für Zeile niederschreiben können, sondern stattdessen verschiedene Möglichkeiten des Dialogverlaufs ausarbeiten müssen. Aus dem Game Design können sich so zum Beispiel verschiedenen Handlungsstränge ergeben, wenn der Spieler in *Mass Effect* sich für eine feindselige Aussage statt einer freundlichen entscheidet (siehe Abbildung 2.3 auf Seite 2.3).

Abbildung 2.7 soll verdeutlichen, wie ein kurzes Gespräch als Graph dargestellt wer-

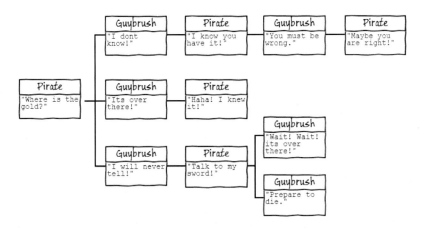

Abb. 2.7: *Dialoggraph - Gespräch zwischen Guybrush und einem Piraten*

den kann. Der Pirat (NSC) leitet dabei das Gespräch mit der Dialogzeile „Where is the Gold?" ein. Guybrush (also: der Spieler) hat drei Möglichkeiten, wie er auf diese Aussage reagiert. Die dritte Wahlmöglichkeit verzweigt dabei ein weiteres Mal. Die getroffene Wahl führt dabei zu unterschiedlichen Ausgängen. Die erste Option („I dont know!") führt dazu, dass Guybrush das Gold kampflos behält. Durch die zweite Option („Its over there!") verliert Guybrush das Gold und bei der dritten Option hat der Spieler die Wahl, ob er gegen den Piraten kämpft oder das Gold kampflos abgibt. In einer Videosequenz könnte ein Game Writer sich einfach auf einen der Dialogzweige beschränken. Durch einen solch verzweigten Dialog kann dem Spieler jedoch das Gefühl gegeben werden, dass er den Spielverlauf selbst in der Hand hat. Die Abbildung 2.7 zeigt dabei einen Dialog, der auf den Spielverlauf einwirkt.

Ein anderes Beispiel für verzweigte Dialoge zeigt sich in Abbildung 2.8. Hier hat der Spieler die Möglichkeit, sich zu Beginn des Dialoges zwischen drei Aussagen zu entscheiden, der Ausgang ist jedoch – unabhängig von der getroffenen Wahl – derselbe. Eine solche Dialogführung stellt ein einfaches Mittel dar, um eine Illusion von Freiheit für einen „linearen" Dialog bei den Spielern zu erzeugen. Negativ könnten sich Dialoge dieser Art auf Spieler auswirken, die aufgrund des Ausgangs eines Gesprächs ein neues Spiel beginnen oder einen alten Spielstand laden, nur um zu erfahren, dass ihre Entscheidung keine Auswirkungen auf den Spielfluss haben. Deshalb sollte kritisch abgewogen werden, wann eine solche Dialogstruktur eingesetzt werden kann [Mar06]. Wie die Abbildungen zeigen, haben Gespräche einen Anfang und im interaktivsten Fall zwei oder mehr Ausgänge mit dazugehörigen Zweigen. Game Writer können Spielern aber auch anbieten, einen Dialog weiter zu durchstöbern. Dazu können Game Writer mit Rücksprüngen arbeiten, die es Spielern erlauben, tiefer in Dialoge einzudringen

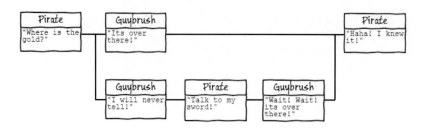

Abb. 2.8: *Dialoggraph - Scheinwahl*

und über Rücksprungknoten an einen vorherigen Punkt im Gespräch zu springen, an dem bereits eine Entscheidung getroffen wurde. In Abbildung 2.9 können Spieler so zum Beispiel an den Anfang des Dialoges zurückspringen. Häufig finden sich diese Rücksprungknoten bei sehr informationslastigen Spielen, die Spieler dazu einladen, mehr über die Hintergrundgeschichte zu lernen. Eine genauere Betrachtung der Thematik ist unter dem Begriff *Hubs-And-Spokes Dialogue* in der Bachelorarbeit von Katja Neuwald zu finden [Neu10].

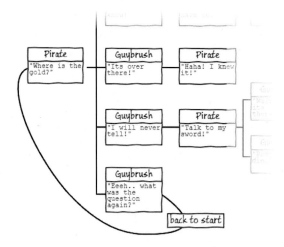

Abb. 2.9: *Dialoggraph - Sprung an den Anfang des Dialogs*

2.2.2.1 Bedingungen

Bei Bedingungen handelt es sich um Variablen, die vor oder innerhalb von Dialogen beachtet werden müssen und einen Dialog beeinflussen können. Hier bedarf es besonders der Zusammenarbeit von Game Writern und Programmierern, um sicherzustellen,

```
;This NPC is just there to give the player hints about the Sagittarius quest if the
player is a warrior, or to push the player to another zone if not a warrior.

//if player is NOT a WARRIOR:
                        NPC
        I hear there's a guy in the Betelgeuse sector that's
        looking for somebody like you.

//if player is a WARRIOR and is LESSER THAN level 10, and has NOT spo-
ken to the NPC before:
                        NPC
        You've got the look of someone who's hunting for
        trouble. Get some more experience under your belt,
        and I might help you with that.

//if player is a WARRIOR and is LESSER THAN level 10 and has spoken to
the NPC once or more before:
                        NPC
        You're too green to bother with. Get yourself more
        experience before you bother me again.

//if player is a WARRIOR and IS level 10 or more and does NOT have the
Sagittarius quest:
                        NPC
        You look like someone in need of a job. Talk to
        Larry the Leech over there, if you're up to risking
        your neck.
```

Abb. 2.10: *Beispielskript - Dialog mit Bedingungen*

ob mit Bedingungen gearbeitet werden kann und in welcher Form und Anzahl dies
möglich ist.

In Abbildung 2.10 werden einige Dialogzeilen eines NSC gezeigt, die gemäß der Bedingungen ausgewählt werden. Handelt es sich bei dem Charakter des Spielers zum
Beispiel nicht um einen Krieger, so wird er vom NSC zu einem anderen Ort geschickt.
Handelt es sich um einen Krieger mit einem Level niedriger als zehn, so wird der NSC
ihn abweisen, da er noch zu wenig Erfahrung hat. Im Beispiel werden unter anderem
das Level und die Klasse des Spielers als Bedingungen verwendet. Häufig wird aber
auch überprüft, ob der Spieler im Besitz eines wichtigen Gegenstands ist oder eine Aufgabe erfolgreich erfüllt hat. Die Nutzung von Bedingungen lässt ein Spiel intelligenter
erscheinen, da zum Beispiel anders auf den Spieler reagiert wird, wenn er bereits mit
einem NSC in Kontakt getreten ist. Für Game Writer erhöht dies jedoch ungemein den
Komplexitätsgrad und darüber hinaus müssen mehr Dialogzeilen geschrieben werden.
Deshalb muss beim Game Design darauf geachtet werden, wie stark mit Variablen gearbeitet werden soll, damit diese Arbeit in einem kalkulierbaren Rahmen bleibt [Mar06].

Da zeitgleich zu dieser Bachelorarbeit die Formulierung, Benutzung und Definition von Bedigungen und Konsequenzen durch Min-Ki Ko untersucht werden, soll hier diese kurze Betrachtung der Thematik genügen.

3 Werkzeuge der Autoren

Bei der in diesem Kapitel vorgestellten Software handelt es sich um eine kleine Auswahl an Werkzeugen, die von Game Writern eingesetzt werden, um verzweigte Dialoge zu erstellen. Ein besonderer Fokus liegt bei der Betrachtung auf der Visualisierung von Dialogen. Die Software kann nach ihrem eigentlichem Einsatzgebiet unterschieden werden.

Software für Game Writer: In diese Gruppe fallen Werkzeuge wie *Chat Mapper* und *articy:draft*, die für die Zielgruppe Game Writer entwickelt wurden und damit die Ansprüche der Zielgruppe an verzweigende Dialoge berücksichtigen.

Software für (Dreh)Buchautoren: *Final Draft* und *Scrivener* gehören in diesen Bereich. Fuß fassen konnten diese Programme durch die beruflichen Wurzeln vieler Game Writer, die vormals als Schriftsteller, Journalisten oder Drehbuchautoren arbeiteten.

Software zur Erstellung von Mindmaps: Mindmapping-Tools können aufgrund ihrer bevorzugten Baumstruktur genutzt werden, um nicht-lineare Dialoge darzustellen.

Des Weiteren werden Ansätze und Umsetzungen aus der Wissenschaft betrachtet, die zum Beispiel wie *ScriptEase* bereits eingesetzt werden oder sich wie *Calliope-d* und *SimDialog* in der Entwicklung befinden.

Neben den hier erwähnten Werkzeugen befinden sich noch Inhouse-Lösungen von Game Studios im Einsatz, die speziell auf die Bedürfnisse eines Spiels oder eines Entwicklerteams zugeschnitten sind.

3.1 Chat Mapper

Bei *Chat Mapper (Urban Brain Studios)* handelt es sich um ein Werkzeug zur Erzeugung von verzweigten Dialogen – speziell für die Zielgruppe Game Writer. Dem Anwender steht zur Erstellung und Bearbeitung der Dialoge eine grafische Benutzeroberfläche zur Verfügung. Im Programm wird zwischen Dialogen (in *Chat-Mapper*: Conversations) und Dialogaktionen (in *Chat Mapper*: Dialog) unterschieden. Ein Spiel enthält mehrere Dialoge und ein Dialog besteht aus mehreren Dialogaktionen. Dialogaktionen werden als einzelne Elemente/Knoten visualisiert und in einer baumähnlichen Struktur organisiert. Dabei entspricht jeder Knoten einer Dialogzeile. Die einzelnen Knoten stellen dabei Informationen wie die Überschrift, den Menütext, die beteiligten Charaktere und den gesprochenen Text bereit. Über ein Property-Fenster lassen sich weitere Eigenschaften einer Dialogaktion einsehen und bearbeiten. Gemäß der baumähnlichen Struktur haben Dialogaktionen mindestens einen Vorgänger. Um Verzweigungen darzustellen, können Gruppen eingefügt werden, die alternative Dialogaktionen unter sich vereinen. Zusätzlich besteht die Möglichkeit, Dialogaktionen untereinander zu verlinken, um so am Ende eines Dialogpfads einen Sprung zurück an eine vorherige Gruppe abbilden zu können. Da die gewählte Darstellungsform bereits bei kleinen Dialogen zu großen Graphen führt, steht ein *Overview*-Fenster zur Verfügung, das den aktuellen Dialog in seiner Gesamtheit – aber in verkleinerter Form – darstellt.

Neben der Dialogerstellung bietet *Chat Mapper* auch die Möglichkeit, Charaktere, Gegenstände, Orte und Bedingungen zu verwalten. Für jedes dieser „Assets" können passende Eigenschaften wie Beschreibung, Alter, Geschlecht, Zustand und Kapitel gesetzt werden. Darüber hinaus steht eine Testumgebung für die Dialoge zur Verfügung.

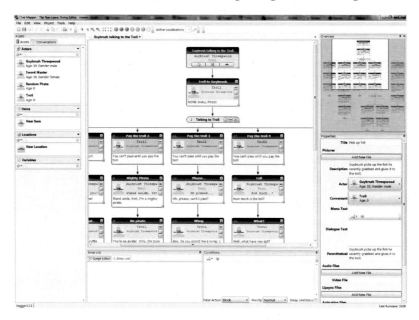

Abb. 3.1: *Chat Mapper*

In einer Simulation können die Dialogzeilen über die Menütexte ausgewählt werden und es erscheint die Dialogzeile als gesprochener Text unterhalb des Charakterbildes. Auf diese Weise lassen sich Konversationen beispielhaft durchspielen und fehlerhafte Verzweigungen ausfindig machen. Die Darstellung des Simulators entspricht einem einfachen – aber zweckmäßigen – Spiel.

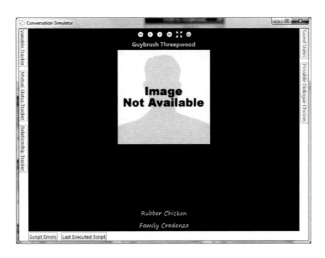

Abb. 3.2: *Chat Mapper - Dialogsimulation*

3.2 articy:draft

articy:draft ist ein professionelles Werkzeug für das Story und Game Design. Im Gegensatz zu *Chat Mapper* ist *articy:draft* auf Entwicklerteams als Zielgruppe ausgerichtet und unterstützt zum Beispiel *Apache Subversion* und bietet einen Workflow-Server. Verzweigte Dialoge finden auch hier besondere Beachtung. Dargestellt werden diese integriert in einem Flow-Chart als Dialoge, welche sich wiederum in Dialog-Fragmente (Dialogaktionen) aufgliedern. Die Dialog-Fragmente werden als einzelne Knoten in einem Graph dargestellt. Jedes Dialog-Fragment enthält den aktiven Charakter und bietet die Möglichkeit für eine Regieanweisung und den gesprochenen Text. Für die Darstellung von Verzweigungen können Hubs eingefügt werden, denen mehrere Dialog-Fragmente folgen. Am Ende eines Dialogzweiges kann über einen Rücksprungknoten eine Verlinkung zu einem vorherigen Hub erfolgen. Jedes Element der Darstellung kann einzeln verschoben werden, um so zum Beispiel optisch eine Abgrenzung zu anderen Dialog-Fragmenten zu schaffen. Neben Dialog-Fragmenten, Hubs und Rücksprungknoten können auch Verbindungen mit einem Text und somit Informationen behaftet werden. Allgemeine Informationen, wie Sprecher, nachfolgende und vorherige Elemente oder auch Schauplätze zu einem Dialog lassen sich in einer Eigenschaften-Ansicht bearbeiten. Im übergeordneten Flow-Chart können Dialoge – analog zu der Baumstruktur innerhalb der Dialoge – verlinkt und strukturiert werden. Diese Ansicht bietet zusätzlich zu Dialogen auch Flow-Fragmente zur Strukturierung an.

Charaktere, Schauplätze, Gegner, Objekte und weitere Entitäten lassen sich im Rahmen des Projektes über eine Ordnerstruktur verwalten. Hierfür stehen vorgefertigte Templates zur Verfügung, die jedoch angepasst oder neu erstellt werden können, um so den Ansprüchen des Spiels gerecht zu werden.

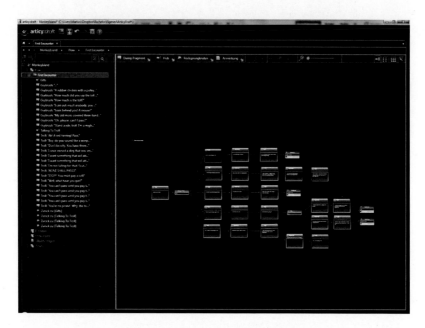

Abb. 3.3: *articy:draft - Dialogansicht*

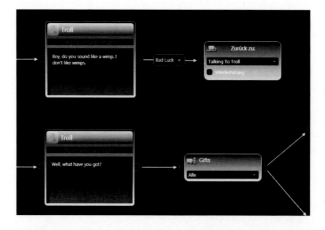

Abb. 3.4: *articy:draft - Hub und Rücksprungknoten*

3.3 Final Draft

Final Draft v8 (Final Draft, Inc.) richtet sich in erster Linie an Drehbuchautoren und bietet somit Vorlagen für die Bereiche Film, Fernsehen und Theater. Gemäß der Vorlagen werden dem Anwender Textvervollständigungen angeboten, die dem Skriptformat des gewählten Bereiches entsprechen. Filme lassen sich so zum Beispiel in einzelne Szenen und Akte aufteilen, die über einen Navigator anwählbar sind und einen Sprung an die Stelle des Skriptes ermöglichen. *Final Draft* setzt sehr auf eine textbasierte Visualisierung und stellt eine Analogie zur klassischen Arbeit mit Schreibmaschine und Papier dar. Ergänzend haben Autoren jedoch die Möglichkeit, verschiedene Ansichten zu wählen. Für das Skript stehen ein Page-, Speed- und Normal-View zur Verfügung, die sich dadurch unterscheiden, dass der Page-View das Skript seitenweise anzeigt, während es im Speed-View fließend und im Normal-View mit angedeuteten Seiten dargestellt wird. Zur besseren Übersicht über die Szenen kann auf den Scene-View und Index-Cards zurückgegriffen werden, die den Titel und eine kurze Beschreibung der Szenen darstellen.

Um zum Beispiel szenenübergreifend zu arbeiten, kann die Arbeitsfläche geteilt und jeder Arbeitsbereich für eine eigene Ansicht verwendet werden.

Da Produktionen für Film und Fernsehen einen linearen Verlauf haben und verzweigte

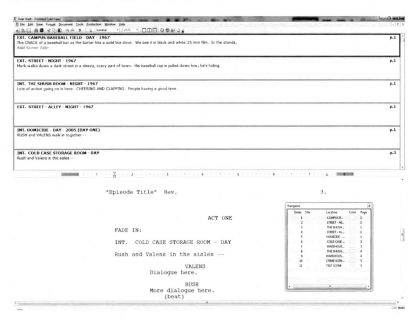

Abb. 3.5: *Final Draft - Splitscreen: Scene-View (oben), Normal-View (unten), Navigator (unten rechts)*

Dialoge nicht vorkommen, lässt sich Final Draft nur bedingt oder über Umwege für Game Writer nutzen. Eine Möglichkeit ist die Verwendung von Schlüsselwörtern wie

„TO:" und „FROM:", um Vorgänger- und Folgedialoge zu kennzeichnen (vgl. Chat Mapper - Druckausgabe). Darüber hinaus lässt sich die Organisation von vielen Szenen in einem Akt nutzen, um Dialogzeilen in einem Dialog zu gruppieren. Final Draft übernimmt im Anschluss automatisch die Nummerierung der Dialogzeilen und zeigt diese im Navigator an, was die Arbeit mit den zuvor genannten Schlüsselwörtern erleichtert.

3.4 Scrivener

Scrivener (Literature&Latte Ltd.) ähnelt in vielen Bereichen *Final Draft*. Auch hier handelt es sich um ein Werkzeug für Autoren. Für Drehbuchautoren stehen Formatierungshilfen für die unterschiedlichen Skriptformate zur Verfügung und durch Vorlagen ,unter anderem aus den Bereichen Fiction, Non-Fiction und Scriptwriting, stellt sich *Scrivener* seiner Zielgruppe gegenüber breit auf. Besonders hervorzuheben ist aber, dass der Schwerpunkt bei *Scrivener* auf Ordnung und Strukturierung liegt. Im Gegensatz zu *Final Draft* lassen sich hier nicht nur Szenen in einer Ansicht verwalten, sondern auch Charaktere und Orte. Diesen liegen zur Beschreibung Vorlagen zugrunde, welche angepasst werden können. Zur Strukturierung der Entitäten wird eine Ordnerstruktur verwendet, die den jeweiligen Bedürfnissen angepasst werden kann. Zur grafischen Repräsentation der Ordner werden Pinnwände verwendet, auf denen Karteikarten die einzelnen Elemente darstellen und sortiert werden können. Auch *Scrivener* ist nicht ex-

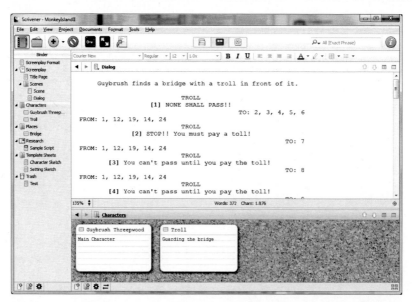

Abb. 3.6: *Scrivener - Splitscreen: Skript-Editor (oben), Pinnwand (unten), Ordnerstruktur (links)*

plizit auf die Bedürfnisse von Game Writern ausgerichtet, bietet aber durch die flexible Ordnerstruktur Spielraum zur Konfiguration.

3.5 Mindmapping-Software

Aufgrund der bei Mindmaps gebräuchlichen Graphenstruktur lassen sich verzweigte Dialoge mit diesen Werkzeugen abbilden. Allerdings handelt es sich auch hierbei nicht um Programme, die auf die Bedürfnisse von Game Writern abgestimmt sind, dennoch bieten sie eine Visualisierungsform, die *Scrivener* und *Final Draft* fehlen. Ausgehend von einem Wurzelknoten können Anwender weitere Zweige erzeugen. Je nach verwendeter Software (hier: *MindManager Professional (Mindjet GmbH)*) variieren die Möglichkeiten, Zweige zu konfigurieren. In *MindManager* bestehen Mindmaps aus einem Wurzelelement und mehreren Haupt- und Unterzweigen. Ergänzend können noch Verbindungslinien, Anmerkungen und Bilder eingefügt werden. Den einzelnen Zweigen können Notizen, Symbole und Tags hinzugefügt werden. Zur Verbesserung der Übersicht ist ein Reduzieren der einzelnen Zweige auf einen Hauptknoten möglich und über den Menüpunkt „Zweig fokussieren" wird ein markierter Zweig von seinem Anfangsknoten bis zu seinem Endknoten auf der Arbeitsfläche zentriert und dessen Größe passend zur Auflösung skaliert. Eine Besonderheit des *MindManagers* ist der Walk-Through-Modus, der es dem Anwender ermöglicht, sich ähnlich der Dialog-Simulation von *Chat Mapper* durch die erstellten Zweige zu bewegen.

Um *MindManager* als Game Writer zu nutzen, bedarf es einiger Anpassungen. Zum Beispiel sollte vor der Dialogerstellung eine Anpassung der Zweigstile erfolgen. In diesem Zusammenhang sollte auch ein Konzept für ein Dialog-Format entstehen, was den Einsatz von Notizen, Tags und Symbolen standardisiert.

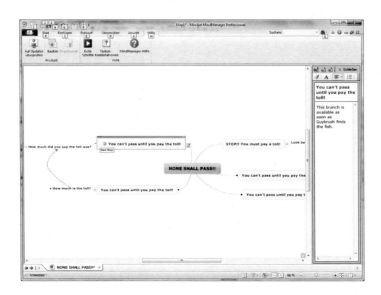

Abb. 3.7: *MindManager - Arbeitsfläche und Notizen (rechts)*

3.6 Calliope-d

Calliope-d ist eine prototypisch implementierte Authoring-Umgebung, die im Rahmen der Diplomarbeit von Christopher Boelmann umgesetzt wurde [Boe11]. Es ist die erste Implementierung im Rahmen des *Calliope*-Projektes, das von Robert Walter an Prof. Dr.-Ing. Masuchs Lehrstuhl für Medieninformatik und Entertainment Computing der Universität Duisburg-Essen betreut und entwickelt wird. Das Konzept *Calliopes* beschreibt, welche Anforderungen an Game Writing-Werkzeuge gestellt werden und wie die Entwicklung erfolgen sollte [WN11]. Der Fokus von *Calliope-d* liegt auf der Zusammenarbeit zwischen Game Writern und dem Entwicklerteam. Dies spiegelt sich besonders in der Aufteilung der Arbeitsoberfläche in eine textuelle und eine grafische Ansicht wider. Abbildung 3.8 zeigt die textuelle Ansicht, die Game Writern die Möglichkeit bietet, Dialoge nur mit Hilfe der Tastatur zu erstellen. Die Ansicht orientiert sich dabei an Autorensoftware wie Final Draft und Scrivener und bietet Game Writern somit eine gewohnte Arbeitsumgebung, unterstützt diese jedoch mit Funktionalitäten, die für das Game Writing unerlässlich sind. Zum Beispiel bietet *Calliope-d* nach Abschluss einer Dialogzeile dem Anwender verschiedene Optionen an. In Abbildung 3.8 sind dies eine Antwort auf eine Zeile oder eine Alternative. Darüber hinaus können Kommentare zu den einzelnen Zeilen verfasst werden.

Die zweite Ansicht richtet sich stärker an die übrigen Teammitglieder und soll die Struktur und damit den Zusammenhang zwischen einzelnen Dialogaktionen darstellen. Diese Ansicht wird aus dem Dialog, der in der textuellen Ansicht geschrieben wurde, generiert. Unterschieden wird hier zwischen Zuständen (z.B. Start und Ende) und Optionen, die der Spieler oder ein NSC während eines Dialoges wählen kann. In

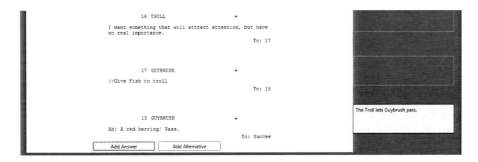

Abb. 3.8: *Calliope - Textuelle Ansicht (Optionen unterer Rand, Kommentar als gelber Kasten*

Calliope-d können – wie auch in *articy:draft* –Elemente der grafischen Darstellung frei verschoben werden. Es grenzt sich jedoch durch Zoomstufen ab, die sich auf die Darstellung der Elemente auswirken. Abbildung 3.9 zeigt einen Dialog in kleiner Zoomstufe. Die einzelnen Dialogaktionen werden durch nummerierte Knoten dargestellt. Zustände sind als unterschiedlich farbige Rechtecke zu erkennen. Die zweite Zoomstufe (siehe

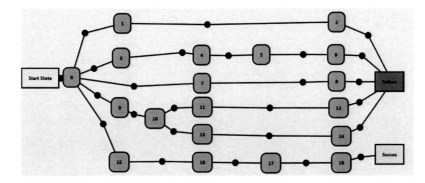

Abb. 3.9: *Calliope - Grafische Ansicht mit kleiner Zoomstufe*

Abbildung 3.10) stellt Dialogaktionen und Zustände „informationsreicher" dar. Diese Zoomstufe ist am rechten Rand konfigurierbar, so dass nur die gewünschten Informationen sichtbar und editierbar sind. Zu beachten ist, dass in *Calliope-d* eine strikte Trennung zwischen gesprochenem Text und weiteren Dialogeigenschaften erfolgt. Die textuelle Ansicht wird nur zur Erstellung des Textes verwendet, während in der grafischen Ansicht Eigenschaften der Dialogaktionen und Verbindungen editiert werden können.

Der Schnittstelle zu Programmierern wird besonders durch die Exportfunktion in das XML-Format und die bereitgestellte C#-Bibliothek Rechnung getragen. Somit erfüllt *Calliope-d* die Anforderungen an die Zugänglichkeit (gewohnte Arbeitsumgebung für Game Writer), die Kommunikation (Ansichten ausgerichtet auf unterschiedliche Teammitglieder) und der Integration durch ein Austauschformat, das von Spiel-Engines verarbeitet werden kann..

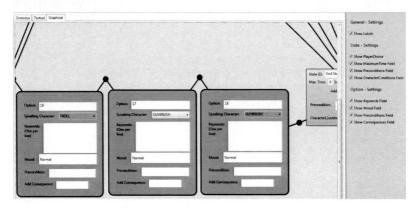

Abb. 3.10: *Calliope - Grafische Ansicht mit großer Zoomstufe*

3.7 SimDialog

Bei *SimDialog*[OBBC08] handelt es sich um einen visuellen Dialogeditor, der sich besonders an Game Writer richtet und es ihnen erlaubt, Dialoge mit einer komplexen verzweigten Struktur zu erstellen. Für die Arbeit mit *SimDialog* sind keine Programmierkenntnisse nötig und dennoch ist es möglich mit Variablen zu arbeiten, um so ein Verhalten der Nicht-Spieler-Charaktere abzubilden, dass auf *States*, *Causes* und *Effects* beruht. *States* bezeichnen dabei Variablen wie Lebenspunkte und Ruf. Diese werden im Laufe des Dialogs verwendet, um automatisch eine Dialogaktion über die *Causes* für den NSC zu bestimmen. Die *Effects* definieren, wie sich die Entscheidung des Spielers für eine Dialogaktion auf die *States* auswirkt. Abbildung 3.11 zeigt die Informationen, die Teil einer Dialogaktion sind. Im oberen Bereich des Fensters werden unter anderem die beteiligten Charaktere, der Menütext und der gesprochene Text angegeben. Es findet sich aber auch Platz für Regieanweisungen und das Anheften von Dateien ist ebenfalls möglich. Im unteren Bereich werden die *Causes* und *Effects* für die einzelnen *States* über Schieberegler von -1 bis 1 angegeben. Dialoge werden als Graphen dargestellt, die einen definierten Start-Knoten und einen oder mehrere End-Knoten besitzen. In Abbildung 3.12 werden zwischen dem Start- und dem End-Knoten (*Termination*) Dialogaktionen dargestellt. Durch Farben (hier: Rot und Grün) werden die Dialogaktionen den beteiligten Charakteren zugeordnet. Dabei können die Dialogaktionen in der Darstellung noch einen Menütext ("Basic Greeting") und den zu sprechenden Text enthalten. Regieanweisungen und Handlungen sind ebenfalls möglich. Verbindungen zwischen Dialogaktionen werden durch *Links* dargestellt.
Neben der Darstellung und Erstellung von Dialogen bietet *SimDialog* auch die Möglichkeit, Dialoge zu simulieren. In dem *Game Simulator* lassen sich die Dialoge durchspielen. Zur

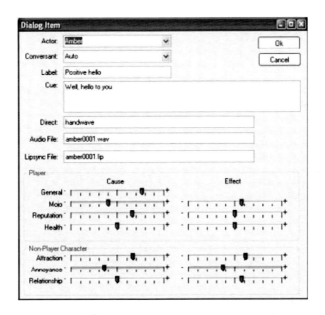

Abb. 3.11: *SimDialog - Dialogaktionsbox*

Evaluation können die Variablen – während der Laufzeit – verändert werden, um so die Reaktionen des NSC auf die Dialogaktionen des Spielers zu prüfen. Eine weitere Besonderheit ist die Importfunktion, die es erlaubt, ein drehbuchähnliches Skript für einen linearen Dialog zu importieren, um diesen durch Dialogaktionen zu erweitern. So kann das Skriptformat aus einem Programm wie *Final Draft* mit *SimDialog* kombiniert werden, um nicht-lineare Dialoge zu erzeugen.

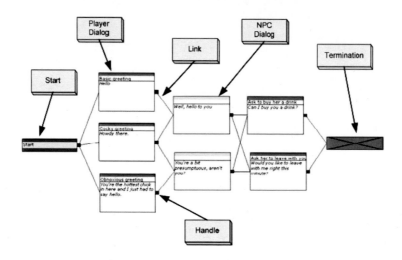

Abb. 3.12: *SimDialog - Dialoggraph*

3.8 ScriptEase & Aurora Toolset

Bei *ScriptEase* handelt es sich um ein Werkzeug, das genutzt wird, um Script-Code für das Spiel *Neverwinter Nights (BioWare)* zu generieren. Dabei richtet es sich nicht ausschließlich auf den Arbeitsbereich der Game Writer aus, sondern stellt sich breiter auf [MCS+04a]. Der große Vorteil an *ScriptEase* liegt in der einfachen und schnellen Erstellung von Abenteuern auf Basis von *Neverwinter Nights* ohne dabei auf Programmierkenntnisse zurückgreifen zu müssen. Auf diese Weise können Abenteuer durch einzelne Personen geschrieben und im Internet für die Spielergemeinde veröffentlicht werden. Game Designer können so ihre Vision von einem Abenteuer umsetzen, ohne diese erst für Mitglieder des Entwicklungsteams niederschreiben und erklären zu müssen. Dafür geben sie jedoch viele Freiheiten auf, da sie ihr Abenteuer in einer Scripting-Umgebung umsetzen, die grafisch auf *Neverwinter Nights* und logisch auf *ScriptEase* beruht.

Da Abenteuer aus mehr als nur Dialogen bestehen, ist es in *ScriptEase* möglich, Gegenstände und NSCs sowie deren Verhalten zu organisieren. Abbildung 3.13 zeigt den *Pattern Builder*, der genutzt wird, um für Objekte des Abenteuers ein Verhalten zu definieren. Hier werden die Aktionen gezeigt, die folgen, wenn ein Spieler den Hebel (*Lever#1*) betätigt [MCS+04b].

Zur Erstellung der Spielwelt wird das *Aurora Toolset* verwendet. Dabei handelt es sich um einen Editor, der es dem Anwender ermöglicht, nach einem Baukastenprinzip seine Spielwelt zu generieren. Teil des Editors ist der *Conversation Editor*, der zur Erstellung von Dialogen genutzt wird. In Abbildung 3.14 ist ein kurzer Dialog zwischen dem Spieler und einer Wache zu sehen. Dialogaktionen des Spielers werden in Blau und Aktionen der NSC werden in Rot dargestellt. Graue Zeilen stellen Rücksprünge zu Ak-

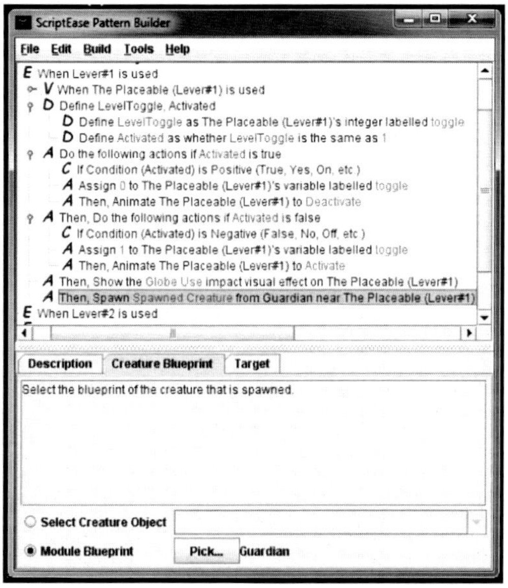

Abb. 3.13: *ScriptEase - Verhalten eines Hebels*

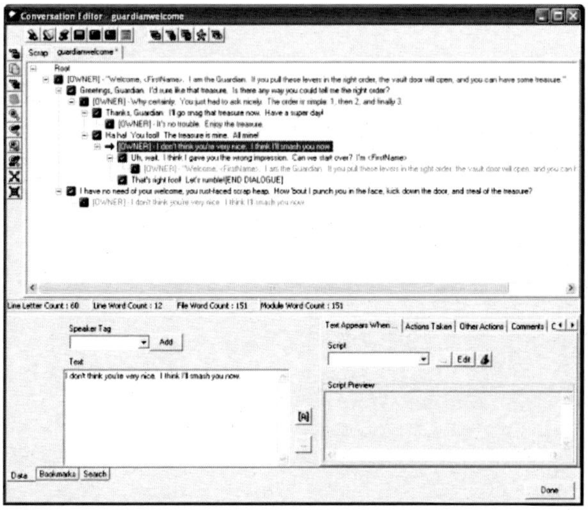

Abb. 3.14: *Aurora Toolset - Erstellung eines Dialoges*

tionsgruppen dar.

Eine Verbindung der Dialoge mit der Spielwelt findet in *ScriptEase* statt. Dies wurde genauer von Siegel und Szafron ([SS09]) betrachtet, die besonders auf die Kopplung von Dialogaktionen mit Bedingungen eingingen. So ist es möglich, dass bestimmte Dialogzeilen oder ganze Dialoge nur durch den Spieler auswählbar sind, wenn dieser einen bestimmten Intelligenz-Wert aufweist, eine Aufgabe gelöst hat oder einen besonderen Gegenstand besitzt.

Die Visualisierung der Dialoge ist im *Conversation Editor* sehr auf den gesprochenen Text fokussiert. Die hierarchische Darstellung lässt den Anwender auf den ersten Blick erkennen, welche Dialogaktionen aufeinander folgen und welchem Charakter diese zuzuordnen sind. Im unteren Bereich des Fensters (siehe Abbildung 3.14) befinden sich darüber hinaus Informationen zu Aktionen, die mit dieser Dialogaktion verbunden sind. Des Weiteren besteht die Möglichkeit, dort Änderungen an Dialogaktionen vorzunehmen und Kommentare hinzuzufügen.

3.9 Anforderungen an die Visualisierung von Dialogen

In diesem Kapitel werden die Anforderungen zusammengefasst, die an die Visualisierung von Dialogen gestellt werden und damit eine Richtungsangabe für das in dieser Arbeit entstehende Konzept darstellen. Die Anforderungen ergeben sich primär durch die Bedürfnisse von Game Writern. Die Zusammenstellung der Kriterien beruht in erster Linie auf einem Artikel von Richard Rabil, der eine umfassende Evaluation von aktuellen Werkzeugen zur Erstellung von nonlinearen Dialogen durchführte [Rab12]. Weitere Kriterien stammen aus einem Forenbeitrag, der zur Entwicklung von Chat-Mapper führte [McI08].

Darstellung: Die Visualisierung der Dialogaktionen sollte die Darstellung von Verzweigungen ermöglichen.

Bearbeitung: Innerhalb der Visualisierung sollte die Möglichkeit bestehen, Änderungen an Dialogaktionen vorzunehmen. Dies schließt das Erstellen neuer Dialogaktionen und die Änderung bestehender Dialogaktionen ein.

Aktionsgruppen: Über Aktionsgruppen sollen Entscheidungsmöglichkeiten des Spielers dargestellt werden können.

Bedingungen: Ein bestimmtes Spielerlevel oder der Besitz eines Gegenstandes sollten über Variablen mit Dialogen und Dialogaktionen verknüpfbar sein.

Resultate: Die Visualisierung sollte darstellen, wie sich das Verfolgen eines bestimmten Dialogpfades auf den Spieler – zum Beispiel in Form von Erfahrung oder Goldmünzen – auswirkt.

Gebrauchstauglichkeit: Die Benutzeroberfläche sollte benutzerfreundlich und intuitiv gestaltet sein. Darüber hinaus sollten keine Programmierkenntnisse nötig sein, um Dialoge zu erstellen.

Übersicht: Um die Übersicht zu bewahren, sollten die gewählten Dialogaktionen sowie die darauf folgenden Dialogaktionen angezeigt werden.

Kommentare: Das Anzeigen und Erstellen von Kommentaren an Dialogaktionen und Dialogen sollte möglich sein.

Charaktere: Es sollte stets ersichtlich sein, zu welchem Charakter eine Dialogaktion gehört und welche Charaktere an einem Dialog beteiligt sind.

Evaluation: Zur Evaluation von Dialogen und Dialogpfaden sollte es möglich sein, Dialogpfade miteinander zu vergleichen, um so Anpassungen zum Beispiel im Sinne der Spielbalance vornehmen zu können.

3.10 Bewertung der Werkzeuge

In diesem Kapitel werden die Werkzeuge der Game Writer übergreifend betrachtet. Es werden im Hinblick auf die Anforderung an die Visualisierung gebräuchliche Lösungen herausgearbeitet und spezifische Lösungsansätze der einzelnen Programme bewertet. Es sollte jedoch beachtet werden, dass gerade bei Werkzeugen, die nicht für Game Writer entwickelt wurden, bestimmte Ziele (zum Beispiel verzweigte Dialoge und Bedingungen) nur über Umwege umsetzbar sind. Dies bedeutet, dass Game Writer vor der Verwendung der Software einige konzeptuelle Überlegungen anstellen sollten, um die Software ihren Bedürfnissen gemäß nutzen zu können. In *MindManager Pro* stehen zum Beispiel keine Dialogaktionen zur Verfügung, die Software stellt jedoch eine Vielzahl an MindMap-Elemente zur Verfügung, die Game Writer zur Darstellung von Dialogaktionen nutzen können. Um aber eine semantisch korrekte Darstellung zu erhalten, muss vor der Verwendung definiert werden, welches MindMap-Element eine Dialogaktion darstellt.
Hinweis zu SimDialog: Da es sich hierbei um eine wissenschaftliche Arbeit handelt, können Bewertungen nur auf Basis der zur Verfügung gestellten Informationen erfolgen. Eine Testversion war zum Zeitpunkt dieser Arbeit nicht erhältlich.

Darstellung

Zur Darstellung der Verzweigungen haben sich Graphen etabliert. Die einzelnen Knoten stellen Dialogaktionen dar und sind durch Linien miteinander verbunden, um eine Hierarchie darstellen zu können. Je mehr Linien von einem Element ausgehen, desto mehr Möglichkeiten stehen dem Spieler im Spiel zur Auswahl. Da *MindManager Pro* zur Erstellung von MindMaps verwendet wird und es sich dabei per Definition um beschriftete Baumdiagramme handelt, ähnelt die Darstellung der zuvor genannten Darstellungsform. *Chat Mapper*, *articy:draft*, *Calliope-d* und *SimDialog* greifen auf Graphen und baumähnliche Visualisierungen (*Chat Mapper*) zurück und bieten Game Writern Knoten, die auf ihre Bedürfnisse – durch Eigenschaften wie aktive Charaktere, gesprochener Text und Bedingungen – abgestimmt sind. Das *Aurora Toolset* verwendet eine textbasierte Darstellung. Über Einrückungen sind Aktionsgruppen und Hierarchien erkennbar. Jede Zeile stellt hier eine Dialogaktion dar, welche über weitere Eigenschaften verfügt. *Final Draft* und *Scrivener* bieten keine Möglichkeit, um Verzweigungen darzustellen. Game Writer könnten hierfür jedoch Schlüsselwörter definieren. Auf diese Weise lässt sich durch ein vorangestelltes „From:" zeigen, von welchen Dialogaktionen der Spieler zu dieser Dialogaktion gelangt. Über ein nachfolgendes „To:" können die Folge-Dialogaktionen gekennzeichnet werden. Bei dieser Arbeitsweise können Game Writer jedoch schnell die Übersicht verlieren, da sie für jede Dialogaktion die Vorgänger und Nachfolger festhalten muss und im Zuge von Änderungen jede beteiligte Dialogaktion manuell bearbeiten muss. Graphen bieten hier einen Vorteil, da umliegende Knoten und ihre Verbindungen zueinander sichtbar sind. Ein Nachteil ergibt sich jedoch, durch ihre Größe, welche bei Anwendern zu Desorientierung führen kann und die Navigation und Suche innerhalb der Bäume erschwert. *Chat Mapper* begegnet diesem Problem mit einer Minimap und bietet, wie auch *articy:draft*, die Möglichkeit, die Ansicht über verschiedene Zoomstufen zu betrachten. Dies jedoch unter dem Verlust von Informationen, da ab bestimmten Zoomstufen, die Schrift nicht mehr lesbar und damit Dialogaktionen nicht mehr unterscheidbar sind. *Calliope-d* verfolgt hier einen anderen Ansatz, da sich die Darstellung der Knoten entsprechend der Zoomstufe verändern (siehe Abb. 3.9 und Abb. 3.10). Aber auch hier besteht die Problematik der (zu) großen Graphen.

Bearbeitung

Das Erstellen und Verändern von Dialogen und Dialogaktionen ist mit jedem genannten Werkzeug möglich. Der Komfort, der von einem Programm hierbei geboten wird, hängt dabei stark von den Vorlieben des Game Writers ab. Während Werkzeuge, deren Visualisierung auf Bäumen aufbaut, vermehrt den Einsatz der Maus bedürfen, kann Software für Autoren in der Regel sehr komfortabel über die Tastatur gesteuert werden. Zwar bieten *Chat Mapper* und *Final Draft* die Möglichkeit, Tastenkürzel zu verwenden oder diese zu definieren, aber der Griff zur Maus wird spätestens bei der Navigation im Baum unumgänglich.

Aktionsgruppen

Jeder direkte Nachfolger einer Dialogaktion ist Teil einer Aktionsgruppe. Dialogaktionen explizit in Gruppen organisieren kann lediglich *Chat Mapper*. In *articy:draft* kann dies über vorangestellte *Hubs* erreicht werden. Im *Conversation Editor* des *Aurora Toolset* sind Aktionsgruppen erkennbar, da ihre Dialogaktionen in der selben Farbe und untereinander auf einer Ebene dargestellt werden. In *Calliope-d* sind Aktionsgruppen dadurch zu erkennen, dass die Dialogaktionen denselben „From"-Knoten besitzen. Dies lässt sich in der textuellen Ansicht über das entsprechende Schlüsselwort erkennen, in der grafischen Ansicht wird dies durch Verbindungen dargestellt. *Final Draft*, *Scrivener* und *MindManager Pro* bieten hierfür „ab Werk" keine Lösung.

Bedingungen

Das Verknüpfen von Bedingungen mit Dialogaktionen ist in *articy:draft*, *Chat Mapper* und *Calliope-d* möglich. Der *MindManager Pro* bietet die Möglichkeit, Informationen an einen Knoten anzuhängen, was hierfür genutzt werden kann. Im *Aurora Toolset* kann diese Verbindung durch *ScriptEase* erfolgen. Da es sich bei der textuellen Oberfläche von *Final Draft* und *Scrivener* grundsätzlich um angepasste Textvearbeitungsprogramme handelt, ist es Game Writern überlassen, welche Bedingungen sie hinzufügen und wie sie dies tun (z.B. umschlossen von Tags).

Resultate

Das Resultat eines Dialoges kann in *Chat Mapper*, *articy:draft*, *Calliope-d* und *SimDialog* über Eigenschaften der Dialogaktionen definiert werden. *SimDialog* erlaubt jedoch nur die Änderung bestimmter Eigenschaften des Spielers oder der NSC. Für Resultate der Dialoge, die aus dem *Conversation Builder* stammen, muss *ScriptEase* verwendet werden. Für die übrige Software gilt, dass Resultate zwar abbildbar sind, dies muss aber über – vom Game Writer definierte – Tags oder MindMap-Elemente erfolgen.

Gebrauchstauglichkeit

Da eine Anforderung an *Calliope-d* die Zugänglichkeit ist, spiegelt sich dies auch in der Arbeit mit den unterschiedlichen Ansichten wider. Die textuelle Ansicht nutzt hier durch die Darstellung des Textes auf einer Papierseite eine geeignete Metapher und unterstützt Anwender durch Funktionalitäten zur Erstellung von verzweigten Dialoge. In der grafischen Ansicht können für das Game Writing relevante Eigenschaften – wie Bedingungen und aktive Charaktere – gesetzt werden. Auch *Chat Mapper* weist hinsichtlich der Gebrauchstauglichkeit eine sehr flache Lernkurve auf. Die Darstellung der Dialoge ist sehr zweckmäßig und durch die ausschließliche Ausrichtung auf Game Writer bleibt dort kaum eine Anforderung unbeachtet. Der Editor lässt sich intuitiv mit der Maus bedienen und auch Tastenkürzel stehen zur Erstellung der Dialogaktionen zur Verfügung. *articy:draft* bedarf etwas mehr Einarbeitung, was sich jedoch aus der größeren Zielgruppe ergibt. Die Bedürfnisse der Game Writer werden erfüllt, darüber hinaus verfolgt *articy:draft* aber auch das Ziel, den Anforderungen eines gesamten Entwicklerteams gerecht zu werden. Aus Sicht eines Game Writers wirkt sich dies negativ auf die Aufgabenangemessenheit aus, da aus der Vielzahl an Möglichkeiten auch die Notwendigkeiten zur Erstellung von Dialogen nötig ist. Im *Aurora Toolset* lassen sich die einzelnen Dialoge und Dialogaktionen ebenfalls leicht erstellen, jedoch müssen sich Anwender in das Toolset wie auch *ScriptEase* einarbeiten und sind zugleich an die Einschränkungen, die diese Umgebung mit sich bringt, gebunden. *Final Draft* und *Scrivener* sind hinsichtlich ihrer Zielgruppe Marktführer, da sie in erster Linie die Bedürfnisse von (Dreh)Buchautoren erfüllen. Für Game Writer bedeutet dies jedoch einen erhöhten Aufwand, da zum einen Vorüberlegungen hinsichtlich der Semantik (Beispiel: Tags) getätigt werden müssen, zum anderen können die Automatismen, wie das Hinzufügen von Begriffen für Drehbücher (Beispiel: "Ext" für "Außenszene") störend wirken. Bei der Verwendung von *MindManager Pro* müssen Game Writer eine Einarbeitungsphase in dieses Programm in Kauf nehmen und sich darüber hinaus über eine taugliche Semantik Gedanken machen. Dies hat für *Final Draft*, *Scrivener* und *MindManager Pro* zur Folge, dass eine Verwendung in Entwicklerteams zu Problemen führen kann. Die Semantik muss mit dem Team abgestimmt werden, da Programmierer sonst den Dialog im Spiel nicht umsetzen können und weitere Teammitglieder die Dialoge falsch interpretieren könnten.

Übersichtlichkeit

Die häufig verwendeten Graphen bieten eine gute Übersicht über die nahegelegenen Knoten, eignen sich aber mit steigender Größe des Dialoges immer weniger für deren Darstellung. So wird das Suchen eines Knotens erschwert und durch Verbindungen und Rücksprünge können Game Writer auch die Orientierung hinsichtlich der vorherigen Knoten verlieren. Zoom-Möglichkeiten und Minimaps sind hier nur eine geringe Hilfe, da es so zwar möglich ist, eine Position in einem Graphen zu bestimmen, aber ein gesamter Dialogpfad ist nur bei geringer Größe auf der Arbeitsoberfläche gut les- und abbildbar. Programme für Autoren stellen sich dieser Aufgabe nicht, da ihr Metier durch Linearität geprägt ist und demzufolge Dialogzeilen und Regieanweisungen stets in chronologischer Reihenfolge von Anfang bis Ende des Skripts niedergeschrieben werden.

Kommentare

Kommentare können in nahezu allen hier betrachteten Programmen untergebracht werden. Der *Conversation Editor* bietet die Möglichkeit, einzelne Dialogzeilen zu kommentieren. *Chat Mapper* und *articy:draft* erweitern diese Funktionalität, indem sie dem Anwender erlauben, gesamten Dialogen Kommentare hinzuzufügen. In *Calliope-d* können in der textuellen Ansicht jeder Dialogaktion Kommentare hinzugefügt werden. Optisch wurde dies als eine Art Klebezettel umgesetzt, die am Rand der Papierseite kleben. Für *Final Draft* und auch *Scrivener* gilt hier, dass es dem Anwender überlassen ist, wie dieser Kommentare einfügt.

Charaktere

In jedem Programm ist sofort ersichtlich, welcher Charakter welche Dialogaktion ausführt. Die Herangehensweisen sind dabei sehr ähnlich und unterscheiden sich meist nur dadurch, dass zum Beispiel *Chat Mapper* den Namen und ein Bild des aktiven Charakters zeigt, während andere Programme sich nur auf einen Namen beschränken, der der Dialogaktion vorangestellt wird. Unterstützend können auch Farben für die unterschiedlichen Charaktere genutzt.

Evaluation

Eine Evaluation der Dialoge ist meist nicht direkt in der Ansicht möglich. Game Writer können zwar einzelnen Pfaden in der Visualisierung folgen, aber ein Vergleich der Resultate ist softwaretechnisch nicht möglich. *Chat Mapper* bietet die Möglichkeit einen Dialog in einem Simulator auszuführen und in *MindManager Pro* können einzelne Pfade und ganze MindMaps „abgespielt" werden. Auf diese Weise lässt sich jedoch nur der Ablauf der Dialoge überprüfen, was für das Finden von Sackgassen in Dialogen ausreichend ist. Eine Evaluation der Konsistenz – unter anderem hinsichtlich der Resultate der Dialogpfade und dem Sprachgebrauch der Charaktere – ist nicht oder im Zweifelsfall nur unter Zuhilfenahme von Stift und Papier möglich, da die Ansichten nicht zur gleichzeitigen Darstellung mehrerer Dialogpfade und ihrer Resultate ausgelegt sind.

Zusammenfassung der Bewertung

Auf den folgenden Seiten werden die Ergebnisse der Bewertung in Tabellenform zur besseren Übersicht zusammengefasst.

	Chat Mapper	articy:draft	Aurora Toolset	Calliope-d
Verzweigungen darstellen				
Bearbeitung	Graph Grafische Ansicht	Graph Grafische Ansicht	Textuell getrennte Programme	Graph & Textuell Grafische und textuelle Ansichten
Aktionsgruppen	Gruppen	Hubs	Hierarchische Darstellung	Optische und textuelle Abgrenzung
Bedingungen und Resultate	Möglich	Möglich	Möglich (durch ScriptEase)	Möglich (in grafischer Ansicht)
Gebrauchstauglichkeit	Flache Lernkurve	Steile Lernkurve	Steile Lernkurve	Flache Lernkurve
Übersichtlichkeit	(Zu) große Graphen, Minimap und Zoom verfügbar	(Zu) große Graphen, Zoom-Möglichkeit	Nur Text	(Zu) große Graphen, Zoomstufen verfügbar
Kommentare	An Knoten und Dialog	An Knoten und Dialog	An Dialogaktionen	An Dialogaktionen
Charaktere	Sichtbar	Sichtbar	Sichtbar	Sichtbar
Evaluation	Simulator verfügbar	Manuell möglich	Manuell möglich	Manuell möglich

	Final Draft	Scrivener	MindManager	SimDialog
Verzweigungen darstellen	Bedingt möglich	Bedingt möglich	Graph	Graph
Bearbeitung	Textuelle Ansicht	Textuelle Ansicht	Grafische Ansicht	Grafische Ansicht
Aktionsgruppen	Nicht möglich	Nicht möglich	Optische Abgrenzung	Optische Abgrenzung
Bedingungen und Resultate	Bedingt möglich	Bedingt möglich	Bedingt möglich	Möglich
Gebrauchstauglichkeit	Nicht aufgaben-angemessen	Nicht aufgaben-angemessen	Moderate Lernkurve	Keine Angabe möglich
Übersichtlichkeit	Nur textuell, Sprung zu Akten/Kapiteln möglich, diverse Ansichten kombinierbar	Nur Text, diverse Ansichten kombinierbar	Zoom-Möglichkeit, Zweige einklappbar	(Zu) große Graphen
Kommentare	Im Text	Im Text	An Knoten	An Dialogaktionen
Charaktere	Sichtbar	Sichtbar	Bedingt möglich	Sichtbar
Evaluation	Manuell möglich, aber schwierig	Manuell möglich, aber schwierig	Einzelne Pfade abspielbar	Keine Angabe

4 Konzeption einer Visualisierung

In diesem Kapitel wird ein Konzept entwickelt, das den Bedürfnissen der Game Writer und des Entwicklerteams gerecht werden soll. Die Anforderung an das Konzept ergeben sich aus der Zielvorgabe dieser Bachelorarbeit und richtet das Konzept auf die Darstellung, Erstellung, Bearbeitung und Evaluation von Dialogen aus.

4.1 Platz

Zu Beginn soll betrachtet werden, wie mit dem zur Verfügung stehenden Platz für die Visualisierung umgegangen wird. Platz ist für eine Visualisierung die wertvollste Ressource, da diese nur in begrenzter Menge zur Verfügung steht und Anwender nur wahrnehmen können, was dargestellt wird. Im Hinblick auf Graphen bedeutet dies, dass eine Darstellung, die den Platz ausschöpft, zwar einen großen verzweigten Dialog vollständig darstellen kann, damit aber einen Informationsverlust (z.B. hinsichtlich der Lesbarkeit) hinnehmen muss. Bei sehr großen Dialogen kann dies zu einem so starken Informationsverlust führen, dass nur noch die Graphenstruktur sichtbar ist, aber eine Unterscheidung der einzelnen Knoten nicht mehr möglich ist. Programme wie *Chat Mapper* und *articy:draft* bieten hier unterschiedliche Zoomstufen – abweichend von der Originalgröße – an. In der Originalgröße (meist: 100% Zoom) werden die Knoten eines Graphen so dargestellt, dass jede Information des Knotens durch den Benutzer wahrnehmbar ist. Daraus ergibt sich aber der Nachteil, dass nur noch ein Ausschnitt des gesamten Dialoges dargestellt wird. In Abbildung 4.1 wird diese Problematik verdeutlicht. Auf der linken Seite ist ein Teil des Graphen in Originalgröße zu sehen. Die rechte Seite zeigt denselben Graphen auf einer Zoomstufe, die es erlaubt, ihn vollständig zu sehen. Zur Navigation im linken Ausschnitt stehen Scrollbalken zur Verfügung. Des Weiteren kann eine „Minimap", die den Graphen in stark verkleinerter Form darstellt, zur Navigation genutzt werden. Daraus ist ersichtlich, dass ein Graph (in Originalgröße) nicht versucht, den Platz optimal auszuschöpfen. Er wächst mit jeder neuen Information und übersteigt so bereits bei kleinen Dialogen den zur Verfügung stehenden Platz. Das Verschieben des Bildausschnitts wird unumgänglich, um zwischen den einzelnen Pfaden zu wechseln. Dies führt jedoch schnell zu Desorientierung und Game Writer erkennen nicht mehr, was am Anfang eines Dialogpfades geschehen ist und welche Entscheidungen ein Spieler treffen musste, um zur aktuell sichtbaren Dialogaktion zu gelangen [Lud04]. Für das Konzept soll deshalb eine Visualisierung entwickelt werden, die den zur Verfügung stehenden Platz optimal ausschöpft und zur Darstellung der Dialoge kein Verschieben des Bildausschnitts benötigt. Darüber hinaus soll der Game Writer stets in der Lage sein, zu erkennen, welche Dialogaktionen der aktuell selektierten vorausgehen und welche noch folgen. Es wird nötig sein, abzuwägen, welche und

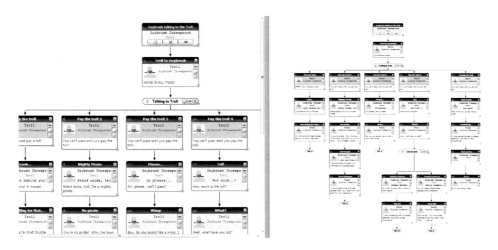

Abb. 4.1: *Chat Mapper - Originalgröße (links) - Ganzer Baum (rechts)*

wie viele Informationen gleichzeitig dargestellt werden sollen, da sich die Anzahl der Elemente und ihr Detailreichtum in einem Konflikt hinsichtlich des Platzes befinden.

4.2 Arbeitsoberfläche

Die Anforderungen und die abzubildenden Elemente der Arbeitsoberfläche wurden in Kapitel 3.9 genannt. In Abbildung 4.2 zeigt eine schematische Darstellung der Arbeitsoberfläche, wie diese Anforderungen umgesetzt werden sollen. Die Arbeitsoberfläche lässt sich in vier Bereiche teilen. Der größte Bereich dient der Darstellung des Dialoges. Es können Dialogpfade mit bis zu sieben Dialogaktionen dargestellt werden und für jede Aktionsgruppe (Spalte) stehen fünf Dialogaktionen zur Verfügung. Am oberen Rand befindet sich eine abgewandelte Form der Brotkrumennavigation (Nummerierung beginnend mit „b"). Auf der linken Seite befindet sich ein Feld mit Dialoginformationen, welches die Anwender mit grundlegenden Informationen versorgen soll, aber auch als Startknoten dient. Endknoten befinden sich auf der rechten Seite und stellen gleichzeitig das Resultat eines Dialogpfades dar. Die Anordnung der Elemente wurde so gewählt, dass Dialogaktionen und Endknoten untereinander stehen, um so den Vergleich zwischen zwei Elementen zu vereinfachen.

Die Entscheidung hinsichtlich der Anzahl dargestellter Elemente beruht auf Erkenntnissen aus der Gedächtnispsychologie. Da unter optimalen Bedingungen das Kurzzeitgedächtnis sieben (plus minus zwei) Informationseinheiten für eine Minute speichern kann, orientieren sich sämtliche Bereiche der Arbeitsoberfläche an dieser „Empfehlung" [Mil56]. Durch die Beachtung der kognitiven Kapazitätsgrenzen soll die Arbeitsoberfläche nicht überladen wirken, was einen positiven Effekt auf die Gebrauchstauglichkeit und die Übersicht haben soll.

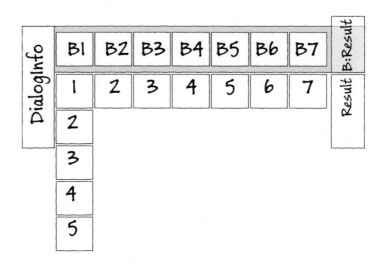

Abb. 4.2: *Konzept - Arbeitsoberfläche*

4.2.1 Verzweigte Pfade

Um der Darstellung von verzweigten Dialogen gerecht zu werden, muss das Konzept die Möglichkeit bieten, Verzweigungen abzubilden. Verzweigungen entstehen, wenn für eine Dialogaktion eine Alternative besteht. Diese werden in Aktionsgruppen zusammengefasst. In Abbildung 4.2 werden Aktionsgruppen durch Spalten dargestellt, die fünf Dialogaktionen abbilden können.

Zur Darstellung der Dialogpfade werden diese hierarchisch organisiert. Das bedeutet,

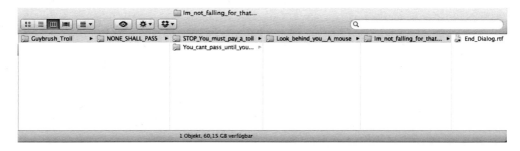

Abb. 4.3: *Finder (Mac OSX) - Ordner zur Darstellung von Dialogaktionen*

dass Dialogaktionen in Aktionsgruppen gruppiert sind und, dass auf jede Dialogaktion eine Aktionsgruppe (oder ein Endknoten) folgt. Vergleichbar ist die Darstellungsweise des Konzeptes mit der Spaltenansicht des *Finders (Mac OS)*. In Abbildung 4.3 wurde ein Dialog beispielhaft im *Finder* erstellt. Dialogaktionen werden als Ordner dargestellt, welche ihre Folge-Dialoge (ebenfalls als Ordner) beinhalten. Die einzelnen Spalten stellen Aktionsgruppen dar, wobei zu beachten ist, dass Aktionsgruppen auch nur eine Dialogaktion beinhalten können. Der besondere Vorteil der Spaltenansicht ist die gleichzeitige Darstellung von Aktionsgruppen und einem Dialogpfad. In Abbildung 4.3 ist am oberen Rand der Spalten der vollständige Dialogpfad zu sehen. In Spalte 3 befindet sich eine Alternative zum selektierten Dialog, welche selektierbar ist und einen anderen Dialogpfad (Ordnerstruktur) beinhaltet. Natürlich stellt die Visualisierung von Dialogen als verschachtelte Ordner eines Dateisystems keine adäquate Lösung dar, aber besonders in der Darstellung von Baumstrukturen haben sich Dateimanager wie der *Finder* und der *Windows Explorer (Microsoft)* bewährt [Kob04]. Ein offensichtlicher Nachteil bei der Verwendung von Ordnern als Dialogaktionen ist, dass Ordner in der Ansicht nur einen stark begrenzten Namen darstellen können und somit nur einen sehr geringen Informationsgehalt haben. Ein weiterer Kritikpunkt ist die Selektion von Alternativen. In Abbildung 4.3 steht nur eine Alternative (Spalte 3) zur Verfügung. Wählt ein Benutzer diesen Ordner aus, wird der Dialogpfad nicht mehr nur am oberen Rand dargestellt. Bei stark verzweigten Dialogen könnte dies zur Folge haben, dass sich die selektieren Dialogaktionen über viele Zeilen verstreuen und keinen gradlinigen Pfad darstellen. In der Arbeitsoberfläche des Konzeptes sollen ausgewählte Dialogaktionen deshalb an erster Stelle einer Aktionsgruppe stehen. Auf diese Weise werden Dialogpfade in einer Zeile dargestellt und die Orientierung am oberen Rand erleichtert den Vergleich mit einem in der Brotkrumennavigation abgelegten Dialogpfad.

4.2.2 Aktionsgruppe

In Abbildung 4.4 ist die grafische Darstellung einer Aktionsgruppe zu sehen. Am oberen Ende der Gruppe befindet sich der Name des Charakters, der die Dialogaktion ausführt. Darunter befindet sich eine „Show Info"-Schaltfläche, die Informationen zur Aktionsgruppe anzeigen kann. Diese Funktion kann beispielsweise genutzt werden, um dem Programmierer mitzuteilen, dass die Auswahl der Dialogaktionen automatisch erfolgen soll. Als nächstes folgt die Anzeige der Dialogaktionen und eine „Add Action"-Schaltfläche, über die Dialogaktionen der Aktionsgruppe hinzugefügt werden können.

4.2.3 Dialogaktionen

Dialogaktionen sind die kleinsten Einheiten der Visualisierung. Sie bestimmen, was ein Charakter sagt oder tut. Das Konzept übernimmt diese Unterscheidung zwischen gesprochenem Text und Handlung und stellt auf Basis dessen Dialogaktionen verschieden dar. Abbildung 4.5 zeigt die grafische Darstellung der Dialogaktionen. Bereits durch die äußere Form sollen Benutzer erkennen, um welche Art der Dialogaktion es sich handelt. Im Gegensatz zu den betrachteten Werkzeugen wird es damit unnötig, darauf hinzuweisen, ob ein Knoten mit einem Text oder einer Handlung verbunden ist. Als äußere Form wurde für die Handlung eine Art „Explosion" und für den gesprochenen Text eine Sprechblase gewählt, um die Selbstbeschreibungsfähigkeit der Elemente durch Metaphern zur gewährleisten und damit die Erlernbarkeit und Arbeit mit der Oberfläche zu erleichtern. Darüber hinaus bietet dies auch Vorteile in der Teamarbeit. In Kapitel 2.1

Abb. 4.4: *Aktionsgruppe mit drei Dialogaktionen*

wurden die Schnittstellen des Game Writers beschrieben und die Darstellung der Dialogaktionen soll dem besseren Verständnis der anderen Teammitglieder dienen. Durch die Darstellungsweise müssen Game Writer nicht erst definieren, wie sich Handlungen von gesprochenen Text abgrenzen. Im Vordergrund der Darstellung befinden sich weitere Informationen zur entsprechenden Dialogaktion. Über Reiter können Benutzer schnell zwischen unterschiedlichen Ansichten wechseln. Die im Konzept dargestellten Reiter „A" und „T" stehen für eine **A**ktion oder einen gesprochenen **T**ext. Hinter dem Reiter „C" verbergen sich Bedingungen (engl. Conditions), an welche die Dialogaktion geknüpft ist. Der Reiter „N" steht für Notizen zur Verfügung. Besonders für die Arbeit in Teams ist dieser Reiter von Bedeutung, da hiermit Informationen zwischen den Mitgliedern geteilt und Dialogaktionen kommentiert werden können. Über die rechte Maustaste kann eine Ansicht zur Bearbeitung der Dialogaktionen aufgerufen werden, welche mehr Platz bietet und somit mehr Text darstellen kann.

4.2.4 Endknoten

Am Ende eines Dialogpfades befindet sich ein Endknoten, der unter anderem zur Darstellung eines Resultates genutzt wird. Abbildung 4.6 zeigt einen Endknoten eines Dialogpfades, der nicht zum Erfolg führt. Der Aufbau des Knotens bietet hierbei genügend Platz, um über mehrere Zeilen ein Resultat kurz zu beschreiben — zum Beispiel in Form

Abb. 4.5: *Dialogaktionen - Handlung (links), gesprochener Text (rechts)*

einer Aufzählung von erhaltenen Gegenständen. Das Resultat summiert sich aus den ausgewählten Dialogaktionen, was den Vorteil bietet, dass bei der Evaluation sämtliche Resultate des Pfades im Endknoten zu finden sind. Darüber hinaus können im Endknoten Schaltflächen angezeigt werden, die einen Rücksprung zu einer Aktionsgruppe erlauben oder wie in Abbildung 4.6 es dem Benutzer erlauben, den Dialogpfad in der Brotkrumennavigation für Evaluationszwecke zu speichern.

Abb. 4.6: *Endknoten mit Resultat und Schaltfläche*

4.2.5 Brotkrumennavigation

Hierbei handelt es sich in erster Linie um ein Mittel zur Evaluation. Anwender haben die Möglichkeit, über Endknoten einen Dialogpfad in der Brotkrumennavigation zu speichern, um diesen samt dem Resultat mit Dialogpfaden in der Dialogansicht zu vergleichen. Üblicherweise werden Brotkrumennavigationen auf Webseiten verwendet, um die übergeordneten, bereits besuchten Seiten darzustellen und zeigen damit den auf einer Webseite bestrittenen Pfad. In Dateimanagern werden sie verwendet, um die Pfade von Dateien im Dateisystem anzuzeigen. In beiden Anwendungsbeispielen wird diese Navigationskomponente verwendet, um anzuzeigen, wo der Benutzer sich gerade befindet. Dieses Konzept weicht von dem üblichen Anwendungsfall ab, da es dem Anwender anzeigt, wo er war und nicht wo er ist. Ein weiterer Unterschied ist die Darstellungsweise. Auf Webseiten werden in einer Brotkrumennavigation lediglich

Verlinkungen zu bisherigen Seiten dargestellt. Abbildung 4.7 zeigt, dass die Brotkrumennavigation des Konzeptes die Dialogaktionen eines Pfades vollständig aufnimmt und Interaktionen mit diesen zulässt. So ist es Anwendern möglich, während sie Dialogpfade vergleichen, Änderungen sowohl an dem Dialogpfad in der Dialogansicht wie auch in der Brotkrumennavigation vorzunehmen.

Abb. 4.7: *Brotkrumennavigation in verkürzter Darstellung*

4.2.6 Startknoten

Am linken Rand der Arbeitsoberfläche befindet sich der Startknoten. Dieser erstreckt sich grafisch über die Brotkrumennavigation und einem Teil der Dialogansicht, da er für beide Pfade den Dialog, aus dem sie stammen, darstellt. Der Startknoten enthält hierbei grundlegende Informationen des Dialoges, die für die Mitglieder des Entwicklerteams von Bedeutung sind. Wie in Abbildung 4.8 zu sehen, beginnt der Startknoten mit einer kurzen Zusammenfassung über „Wer" mit „Wem" (aktive Charaktere) „Wo" (Ort) über „Was" (Dialogtitel) spricht. Diese Zusammenfassung ist stets sichtbar und erleichtert die Zuordnung des Dialoges zu einem bestimmten Spielfortschritt. Darüber hinaus wird die Anzahl der Dialogaktionen dargestellt. Diese Zahl kann für die Budgetplanung eines Projektes von Bedeutung sein, da es zum Beispiel Auskunft darüber gibt, wie viele Dialogaktionen vertont werden müssten. Generell bietet diese Zahl auch einen Überblick über die Größe eines Dialoges. Abschließend werden das bestmögliche und das schlechtmöglichste Resultat des Dialoges angezeigt. Im Falle des Beispieldialoges sind dies lediglich „Erfolg" (engl. success) und „Misserfolg" (engl. failure). Diese Punkte gewinnen jedoch in anderen Spielgenres von Bedeutung, wenn Belohnungen beispielsweise durch Erfahrungspunkte erfolgen. So kann schnell überprüft werden, ob es Dialogpfade gibt, die ein Resultat liefern, das nicht in den Spielfluss passt und dem Spieler eine zu hohe oder zu niedrige Anzahl an Erfahrungspunkten beschert, was letztendlich dem Spielspaß und der Immersion schadet.

Abb. 4.8: *Startknoten mit Basisinformationen des Dialoges*

4.2.7 Dialogfilter

Das „*Wer* mit *Wem Wo* über *Was* spricht" des Startknotens stammt aus dem Dialogfilter. Dieser ist eine etwas unabhängigere Komponente, da er in Abbildung 4.2 der Arbeitsoberfläche nicht dargestellt wird. Er geht der Arbeitsoberfläche voran und widmet sich der Problematik der großen Anzahl von Dialogen in Spielen Herr zu werden und die Suche nach Dialogen zu erleichtern. Während die betrachteten Werkzeuge meist auf Listen zurückgreifen, werden Dialoge über das oben genannte natursprachliche Konstrukt gefiltert. In Abbildung 4.9 wird dargestellt, wie die Filter gesetzt werden. Im oberen Bereich wird der natursprachliche Satz angezeigt, der über die Listen im unteren Bereich verändert wird. Die Listen ändern sich hierbei entsprechend der vorherigen Auswahl, so dass nur „sinnvoll" selektiert werden kann. Da sich im Spiel *The Secret of Monkey Island (LucasArts)* der *Troll* auf *Melee Island* befindet, wird in der dritten Liste nur *Melee Island* und kein weiterer Ort dargestellt. Wird ein weiterer Dialog erstellt, der zwischen *Guybrush* und dem *Troll* auf *Monkey Island* stattfindet, verändert sich diese Liste, so dass auch diese Insel auswählbar ist. Mit jeder getroffen Auswahl verändert sich der Satz im oberen Bereich des Dialogfilters. Nach vollständiger Selektion erhält der Anwender den Satz „Guybrush talks to Troll on Melee Island about Passing the Bridge" und eine Schaltfläche wird eingeblendet, die einen Wechsel in die Dialogansicht ermöglicht. Durch den Dialogfilter sollen sich der Game Writer, aber besonders auch die Teammitglieder, die nur sporadisch einen Blick in die Dialoge werfen, zurechtfinden.

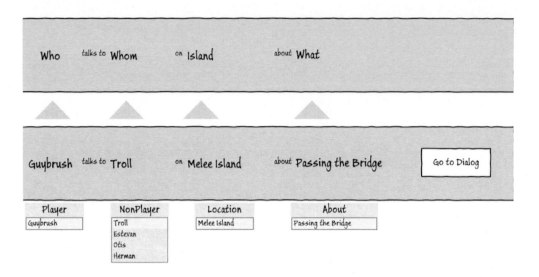

Abb. 4.9: *Dialogfilter - Ohne Auswahl (oben) und mit Auswahl (unten)*

Die Anforderungen aus Kapitel 3.9 werden somit durch das hier entwickelte Konzept erfüllt. Verzweigte Dialoge können dargestellt und bearbeitet werden. Dies schließt Aktionsgruppen, Dialogaktionen, Bedingungen und Resultate ein. Durch Beachtung der Kapazitätsgrenzen des Kurzzeitgedächtnis und der Verwendung von Metaphern zur Unterscheidung von Handlungen und Texten soll die Gebrauchstauglichkeit und die Übersicht verbessert werden. Die zahlreichen Möglichkeiten, Kommentare zu verfassen, richten sich besonders an die Arbeit in Teams und dienen der Verteilung von Informationen. Die Brotkrumennavigation und die Informationen des Startknotens können zur Evaluation genutzt werden und erleichtern diese damit – im Vergleich zu anderen Werkzeugen – erheblich.

5 Prototypische Umsetzung

In diesem Kapitel wird die prototypische Umsetzung beschrieben, die auf Basis des Konzeptes in Kapitel 4 ensteht. Die Umsetzung erfolgt auf Basis der *Windows Presentation Foundation (kurz: WPF)* und der stellenweise benötigte Zwischencode wird in der Programmiersprache *C#* geschrieben. *WPF* bietet besonders im Hinblick auf die Erstellung von Arbeitsoberflächen viele Vorteile, da es als Teil des *.NET-Frameworks* eine große Klassenbibliothek zur Verfügung stellt und eine Vielzahl vordefinierter Steuerelemente enthält.

5.1 Entwicklungsumgebung

Zur Erstellung des Prototypen wird *Expression Blend 4 Ultimate (Microsoft)* mit der Erweiterung *SketchFlow* verwendet. *SketchFlow* bietet sich für die Konzeption an, da es Funktionen für die Erstellung und Evaluation von Prototypen bereitstellt.

Erstellung: Bei *SketchFlow*-Projekten handelt es sich um echte *WPF-Anwendungen*. Deshalb kann es vom ersten Entwurf bis zur finalen Implementierung genutzt werden. Darüber hinaus stehen sämtliche Steuerelemente des *WPF-Frameworks* zur Verfügung, die durch *SketchFlow* einen skizzenhaften Stil erhalten. Auf diese Weise ist es möglich, sich vollständig auf die Konzeption und Programmierung zu konzentrieren, ohne sich um das Design des Projektes zu kümmern. *SketchFlow* sorgt dafür, dass ein konsistenter Stil vorhanden ist, damit bei einer Evaluation durch die Zielgruppe der Fokus auf der Funktionalität und Anordnung der Elemente liegt und stilistisch unpassende Elemente diesen Prozess nicht stören. Anwender können den Komplexitätsgrad des Projektes selbst wählen, was es ermöglicht, schnell einen Entwurf für eine grafische Oberfläche zu erstellen, aber auch erlaubt, eine komplexe Anwendung zu erstellen. Der Anwendungsfluss – der Wechsel zwischen Ansichten – wird über unterschiedliche „Bildschirme" repräsentiert. In Abbildung 5.1 wird am oberen Rand die Aufteilung des Prototypen in die Ansichten „DialogFilter" und „DialogView" dargestellt. Die gerichtete Verbindung weist darauf hin, dass der „DialogView" auf den „DialogFilter" folgt. Auf diese Weise lassen sich verschiedene Ansichten schnell in eine logische Reihenfolge bringen.

Evaluation: Über den *SketchFlow-Player* lassen sich Prototypprojekte ausführen und anzeigen. Die erstellten Projekte sind dadurch auch auf Computern ausführbar, auf denen kein *Expression Blend* installiert ist. Damit wird die Verteilung des Prototypen erleichtert. Darüber hinaus kann Feedback direkt im Prototypen eingebracht werden. Wie in Abbildung 5.1 zu sehen, stehen Pinsel- und Stiftwerkzeuge zur Verfügung und auf der linken Seite können ebenfalls Texte eingeben werden. Das Feedback kann abschließend exportiert und an den Programmierer/Designer gesendet werden. Dieser kann es dann importieren und darauf reagieren.

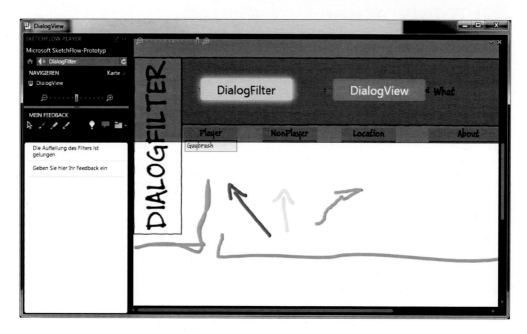

Abb. 5.1: *SketchFlow-Player Arbeitsoberfläche*

Auch wenn die Möglichkeit besteht, in *SketchFlow* einen Prototypen gänzlich ohne Programmierung zu erstellen, gibt es Komponenten des Prototypen, die zur besseren Darstellung des Konzeptes, teilweise und mit vollen Funktionsumfang umgesetzt werden.

5.2 Dialogfilter

Abbildung 5.2 zeigt die grafische Oberfläche des Dialogfilters. Wie im Konzept erarbeitet, befindet sich im oberen Bereich der natursprachliche Satz („Wer mit Wem Wo über Was spricht"). Dabei werden für die vier „W-Fragen" Textblock-Elemente verwendet, deren Inhalt durch die Selektion in den ListBox-Elementen „Player", „NonPlayer", „Location" und „About" bestimmt wird. Entsprechend der Auswahl werden für die folgenden Listen nur sinnvolle Einträge dargestellt. Deshalb erhalten Anwender in Abbildung 5.2 nur die Möglichkeit, *Melee Island* für einen Dialog mit dem Troll auszuwählen, da sich dieser nur auf *Melee Island* befindet. Die Selektionen können, solange sich Benutzer auf diesem Bildschirm befinden, verändert werden, um einen Dialog auszuwählen. Die „Go-to-Dialog"-Schaltfläche wird angezeigt, sobald eine Auswahl in der „About"-Liste

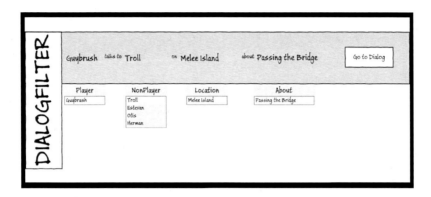

Abb. 5.2: *Grafische Oberfläche des Dialogfilters*

getroffen wurde und stellt damit die Verbindung zum „DialogView" (siehe Abb. 5.1)
her. Über einen Mausklick erfolgt der Wechsel zum nächsten Bildschirm. Zu beachten ist
hier, dass der Dialogfilter mit Beispieldaten zur Darstellung der Funktionsweise gefüllt
ist, weshalb bei einem Wechsel zur Dialogansicht stets der Dialog zwischen *Guybrush*
und dem *Troll* angezeigt wird.

5.3 Dialogansicht

Wie Abbildung 5.3 zeigt, wurde das Konzept der Arbeitsoberfläche (siehe Abbildung 4.2
auf Seite 36) umgesetzt. Von den sieben möglichen Spalten werden für die Dialogpfade
– in der Brotkrumennavigation und der aktuellen Ansicht – nur fünf benötigt. Aktionsgruppe 2 nutzt die fünf verfügbaren Zeilen aus, um eine Auswahl an Dialogaktionen
darzustellen. Im Folgenden werden die einzelnen Komponenten der Arbeitsoberfläche
genauer beschrieben.

5.3.1 Brotkrumennavigation

Um Dialogpfade leichter vergleichen zu können, besteht die Möglichkeit, diese in der
Brotkrumennavigation abzulegen. Die geschieht über die „Save Path"-Schaltfläche des
Resultfeldes. Hierbei werden die ersten Dialogaktionen der Aktionsgruppen einer Li-
ste hinzugefügt, welche im Bereich der Brotkrumennavigation angezeigt wird. Wie in
Abbildung 5.4 zu sehen, werden hierbei die Elemente der Brotkrumennavigation und
die jeweils ersten Elemente der Aktionsgruppen untereinander dargestellt. Auf diese
Weise können Dialogaktionen und Resultate schnell abgeglichen werden, ohne die be-
treffenden Dialogaktionen erst auf der Arbeitsoberfläche suchen zu müssen. Bei der
Selektion einer Dialogaktion müssen diese daher an die erste Position der jeweiligen
Aktionsgruppe wechseln. Dies geschieht, indem sie aus der Liste entfernt und an erster
Stelle wieder eingefügt werden.

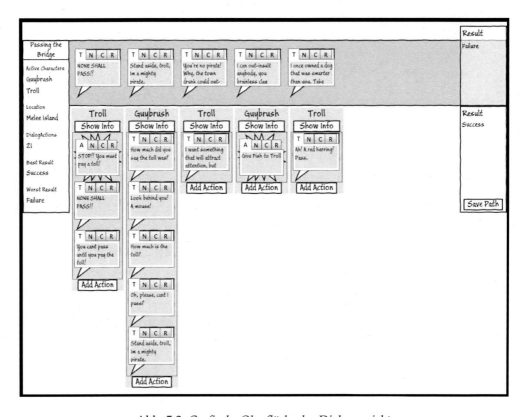

Abb. 5.3: *Grafische Oberfläche der Dialogansicht*

46

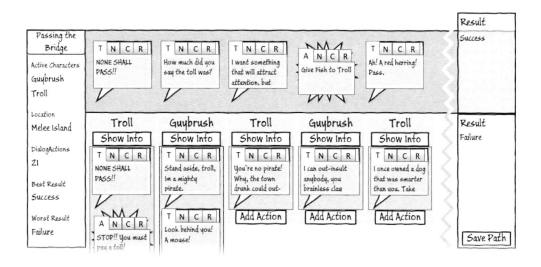

Abb. 5.4: *Gekürzte Darstellung der Arbeitsoberfläche*

5.3.2 Aktionsgruppen und Dialogaktionen

Jede Spalte der Arbeitsoberfläche stellt eine Aktionsgruppe dar, die entsprechend der zuvor gewählten Dialogaktion eingeblendet wird. Zur schnelleren Anzeige von Dialogpfaden wird die jeweils erste Dialogaktion einer Aktionsgruppe automatisch ausgewählt und – falls vorhanden – die darauffolgende Aktionsgruppe angezeigt. Das folgende Code-Beispiel zeigt, wie dazu eine rekursive Überprüfung der Dialogaktionen auf vorhandene Aktionsgruppen erfolgt. Wenn eine Dialogaktion auf eine Aktionsgruppe verweist (Zeile 3), dann wird diese angezeigt (Zeile 5) und die Methode „checkForChild-Group" für die erste Dialogaktion der Aktionsgruppe ausgeführt (Zeile 7).

```
1  private void checkForChildgroup(DialogElement de)
2  {
3      if (de.childGroup != null)
4      {
5          de.childGroup.showMe();
6          List<DialogElement> deList = de.childGroup.
               getActionGroup();
7          this.checkForChildgroup(deList[0]);
8      }
9  }
```

Abbildung 5.5 zeigt eine Aktionsgruppe mit zwei Dialogaktionen. Die erste Dialogaktion wird durch einen eingeblendeten Informationstext verdeckt, der die Programmierer darüber informiert, dass die Auswahl der Dialogaktionen für den *Troll* in dieser Aktionsgruppe zufällig erfolgen soll. Der Informationstext lässt sich über „Show Info" einblenden und über „Close" wieder verbergen.

Innerhalb der Aktionsgruppen werden die Dialogaktionen in Listen dargestellt. In der

Abb. 5.5: *Aktionsgruppe mit Infotext*

ersten Aktionsgruppe der Abbildung 5.3 ist die Unterscheidung der Dialogaktionen zwischen Handlung und gesprochenem Text zu sehen. Das folgende Code-Beispiel zeigt die Umsetzung der Darstellung in XAML. Über die *x:Type-Markuperweiterung* wird ein DataTemplate entsprechend dem Typ der Dialogaktion gewählt. *x:Type* fungiert dabei ähnlich einem *typeOf()-Operator* in C#. Dialogaktionen können vom Typ „DialogAction" und „DialogText" sein. In den Zeilen 2 und 11 des Code-Beispiels erfolgt auf Grundlage dessen, die Auswahl des DataTemplates.

```
1   <ListBox.Resources>
2     <DataTemplate DataType="{x:Type local:DialogAction}">
3       <Grid>
4         <TabControl>
5           <TabItem x:Name="tabText" />
6           <TabItem x:Name="tabNote" />
7           <TabItem x:Name="tabCondition" />
8           <TabItem x:Name="tabResult" />
9         </TabControl>
10      </Grid>
11    </DataTemplate>
12    <DataTemplate DataType="{x:Type local:DialogText}">
13      <Grid>
14        <ed:Callout CalloutStyle="RoundedRectangle">
15          <TabControl>
16            <TabItem x:Name="tabText" />
17            <TabItem x:Name="tabNotes" />
18            <TabItem x:Name="tabCondition" />
19            <TabItem x:Name="tabResult" />
20          </TabControl>
21        </ed:Callout>
22      </Grid>
23    </DataTemplate>
24  </ListBox.Resources>
```

Wie in diesem Code-Beispiel (Zeile 4-9) zu erkennen, enthalten die TabControl-Elemente
vier TabItems. In Abbildung 5.5 sind diese mit „T" (für Text), „N" (für Notiz), „C" (für
Condition/Bedingung) und „R" (für Resultat) betitelt. Anwender können die einzelnen
Reiter anwählen und die damit verbundenen Informationen anzeigen. Dies gilt für jedes TabControl-Element auf der Arbeitsoberfläche. Somit können Benutzer auch auf die
Eigenschaften der Dialogaktionen innerhalb der Brotkrumennavigation zugreifen, um
diese unter anderem auch bearbeiten zu können.

5.3.2.1 Erstellen und Bearbeiten

Der Prototyp erlaubt es, Dialogaktionen zu erstellen und zu bearbeiten. Hierfür stehen
zwei Fenster zur Verfügung (siehe Abbildung 5.6), die nach Bedarf aufgerufen werden
könne. Das Fenster zur Erstellung erreichen Anwender, indem sie auf die „Add Action"-Schaltfläche einer Aktionsgruppe (siehe Abbildung 5.5) klicken. Hier besteht die
Möglichkeit, den Typ der Dialogaktion auszuwählen und die nötigen Informationen ein-
zutragen. Über die Schaltfläche „Add to Group" wird die Dialogaktion erstellt und der
Aktionsgruppe hinzugefügt. Sollen Änderungen an einer Dialogaktion vorgenommen
werden, können Benutzer dies tun, indem sie diese mit der rechten Maustaste anklicken.

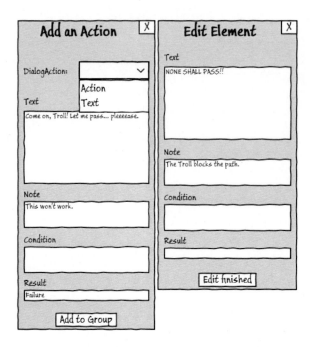

Abb. 5.6: *Fenster zur Erstellung (links) und Bearbeitung (rechts) von Dialogaktionen*

Daraufhin wird das „Edit Element"-Fenster eingeblendet und es können Anpassungen vorgenommen werden. Dieses Fenster kann auch verwendet werden, um Texte darzustellen, die in den kleinen TabControl-Elementen nicht vollständig angezeigt werden können. Beide Fenster lassen sich auf der Arbeitsoberfläche verschieben, damit keine benötigten Informationen verdeckt werden. Darüber hinaus ist es möglich, während ein Fenster geöffnet ist, auf die TabControl-Elemente im Hintergrund zuzugreifen, um bei der Bearbeitung oder Erstellung einer Dialogaktion auf bereits vorhandene Elemente zuzugreifen. Änderungen und erstellte Dialoge werden für die Laufzeit des Prototypen gespeichert.

5.3.3 Evaluation

Um konsistente Dialog hinsichtlich des Sprachgebrauchs und des Handelns zu erstellen, kann die Brotkrumennavigation in Kombination mit der aktuellen Dialogansicht verwendet werden, um so einen direkten Vergleich der Dialogaktionen zu erhalten. Für die Evaluation der Resultate stehen die Felder am rechten Rand der Arbeitsoberfläche zur Verfügung (siehe Abbildung 5.4). Die Abbildung 5.7 zeigt diese Felder – mit Resultaten, die für das Abenteuerspiel *The Secret of Monkey Island* eher unwahrscheinlich sind. Es soll jedoch verdeutlichen, dass diese Felder sämtliche Resultate der Dialogaktionen eines Dialogpfades aufnehmen. Somit ist es nicht nötig, jede Dialogaktion einzeln auf ihr Resultat zu überprüfen. Auf diese Weise können Dialogpfade, die Fehler enthalten

Abb. 5.7: *Vergleich der Resultate zweier Dialogpfade*

oder einfach stark von den Resultaten der anderen Pfade abweichen, aufgespürt und über das „Edit Element„'-Fenster angepasst werden.

5.4 Zusammenfassung

Auch wenn – wie eingangs erwähnt – *SketchFlow* genutzt werden kann, um funktionsarme Darstellungen von Konzepten zu erstellen, werden in der Implementierung einige Funktionen vollständig umgesetzt, um den Arbeitsablauf auf der Oberfläche besser darstellen zu können. Hierbei wird der Fokus auf den Kernfunktionen Erstellen, Bearbeiten und Evaluieren liegen. Dies bedeutet für die Implementierung, dass andere Funktionalitäten nicht oder nur teilweise umgesetzt werden. Zu nennen sind hier zum Beispiel das Erstellen von Aktionsgruppen und deren Bearbeitung, da es sich grundsätzlich nur wenig von der Erstellung und Bearbeitung von Dialogaktionen unterscheidet. Darüber hinaus soll ein Beispieldialog für die Darstellung des Konzeptes im Prototypen enthalten sein, da dies für die Präsentation der Arbeitsabläufe genügt.

6 Schlussfolgerung

Ziel dieser Bachelorarbeit ist die Entwicklung einer innovativen Darstellungsform, die zum einen die Bedürfnisse von Game Writern – hinsichtlich interaktiver Dialoge – erfüllt, zum anderen aber auch die Arbeit in Entwicklerteams erleichtern soll. Um dieses Ziel zu erreichen, wurde betrachtet, wie bestehende Werkzeuge aus Wirtschaft und Wissenschaft mit der Visualisierung von verzweigten Dialogen umgehen und welche Lösungen sie für die Evaluation und Kommunikation in Entwicklerteams anbieten. Darauf aufbauend ist die Entscheidung getroffen worden, dass die Repräsentation der Dialoge nicht in Form eines Graphen erfolgen sollte, da diese keine optimale Ausnutzung des Platzes gewährleisten und diesen bei kurzen Dialogen bereits erschöpfen. Es wurden bestehende Visualisierungskonzepte herangezogen, um eine neue Darstellungsform für Dialoge zu schaffen, die sich neben der Übersichtlichkeit auch der Evaluation widmet. Auf diese Weise ist eine Arbeitsoberfläche entstanden, die sich optisch wie auch funktionell stark von bestehenden Lösungen abgrenzt. Eine Filterfunktion, die es ermöglicht, Dialoge anhand ihrer Charaktere und Standorte zu filtern, löst die Dialogsuche über Listen ab. Eine platzsparende Visualisierungsform stellt verzweigende Dialogstrukturen dar und legt dabei den Fokus auf die vollständige Darstellung der Dialogpfade. Das Konzept der Brotkrumennavigation wurde erweitert, um eine Möglichkeit zu bieten, Dialogpfade und deren Elemente zu vergleichen. In Verbindung mit der Visualisierung dient die Brotkrumennavigation der Anpassung der Spielbalance und der Evaluation.

6.1 Kritische Reflexion

Es konnte eine Visualisierungsform gefunden werden, die es ermöglicht, Dialoge platzsparend darzustellen. Hierbei ist jedoch zu beachten, dass die Darstellung platzsparend und nicht platzausfüllend ist. Dies hat zur Folge, dass sehr flache Dialoge den Platz nur wenig nutzen und sehr tiefe Dialoge den Platz übersteigen können. Dieser Kompromiss wurde eingegangen, um einen gleichbleibenden Informationsgehalt bei der Darstellung der Dialoge zu gewährleisten. Durch die Verwendung von Tab-Elementen können Dialogaktionen eine Vielzahl an Informationen darstellen und bieten Platz für Kommentare und Notizen, um diese in einem Team zu teilen. Bei der Benutzung des Prototypen ist aufgefallen, dass zur besseren Übersicht ein visuelles Feedback erfolgen sollte, wenn sich hinter einem TabItem Informationen verbergen. Darüber hinaus sollte der Positionswechsel der Dialogaktionen innerhalb der Aktionsgruppen deutlicher dargestellt werden.

Die prototypische Umsetzung ermöglicht es die Komponenten der Arbeitsoberfläche darzustellen und lässt Interaktionen wie die Filterung, Navigation und Verwendung der Brotkrumennavigation zu. Damit übersteigt die Umsetzung den Funktionsumfang eines einfachen Mock-Ups, stellt aber noch keine vollständige Implementierung dar. Dies hätte den Umfang einer Bachelorarbeit weit überschritten, weshalb nur die Kernfunktionen der Arbeitsoberfläche umgesetzt wurden. Auf diese Weise dient die Umsetzung als Machbarkeitsnachweis und erlaubt es dennoch, das Konzept auf seine Tauglichkeit zu überprüfen. Des Weiteren muss beachtet werden, dass die Visualisierung von Dialogen wissenschaftlich nur marginal betrachtet wurde. Auch einschlägige Literatur beschäftigt sich kaum mit diesem Thema. Deshalb mussten Entscheidungen aufgrund wissenschaftlicher Arbeiten zu Visualierungen getroffen werden, die keinen Bezug zum Game Writing besitzen. Darüber hinaus muss die Frage gestellt werden, welche Informationen für eine solche Darstellung wichtig sind. Bei dieser Arbeit wurde sich diesbezüglich an bestehenden Lösungen orientiert, aber eine Antwort auf diese Frage kann nur aus den Reihen der Zielgruppe kommen.

6.2 Fazit

Diese Bachelorarbeit hat gezeigt, dass sich die Darstellung von Dialogen nicht auf Graphen beschränken muss. Das Themenfeld der Visualisierungen ist groß genug, um den unterschiedlichsten Ansprüchen gerecht zu werden. Um dies zu leisten, müssen diese Ansprüche jedoch von Seiten der Game Writer und der Entwicklerteams formuliert werden. Darüber hinaus wurde deutlich, dass die Dialogrepräsentation eine Werkzeugkomponente darstellt, die sich für die Evaluation eignet und eine Auslagerung in Simulatoren nicht zwingend notwendig ist.
Auch wenn im Rahmen dieser Bachelorarbeit kein voll funktionsfähiger Prototyp entstanden ist, bietet das Konzept und die Umsetzung dennoch eine Basis für die Evaluation der Ideen, die Entwicklung anderer Darstellungsformen und die Implementierung einer Visualisierung für das Authoring-Werkzeug *Calliope*.

6.3 Ausblick

Der entstandene Prototyp sollte durch die Zielgruppe evaluiert werden, um den Funktionsumfang mit den Ansprüchen der Game Writer in Bezug zu setzen. Darüber hinaus kann die Zielgruppe so für dieses Thema sensibilisiert werden und eine Diskussionsgrundlage für die Darstellung von Dialogen bieten. Dies könnte durch eine vollständige Implementierung unterstützt werden.
Aufbauend auf diese Arbeit könnten platzausfüllende Visualisierungen betrachtet werden, um ein Konzept zu entwickeln, das alternativ zur platzsparenden Visualisierung angeboten wird. So könnte eine zweite Ansicht einen „gröberen" Überblick über die Verzweigungen eines Dialoges bieten. Denkbar wäre auch eine Erweiterung des Konzeptes durch eine Komponente, die unabhängig von der Tiefe eines Dialoges den bestrittenen Dialogpfad anzeigt.
Da die Arbeitsoberfläche nur mit der Maus bedient werden kann, könnte der Prototyp durch ein Konzept zur Steuerung über die Tastatur erweitert werden, um so der be-

vorzugten Arbeitweise der Game Writer zu entsprechen und einen Wechsel zwischen Maus und Tastatur zu minimieren.

6.4 Persönliche Bemerkungen

Die Bachelorarbeit hat mir sehr viel Spaß bereitet, da ich als begeisterter Spieler von dialoglastigen Spielen einen genaueren Blick auf die Arbeit von Game Writern werfen konnte. Leider wurde in diesem Zusammenhang auch spürbar, dass das Game Writing – besonders im Hinblick auf die zur Verfügung gestellten Programme und Standards – etwas stiefmütterlich von der Spieleindustrie behandelt wird. Dies könnte an der Stellung der Game Writer im Entwicklerteam liegen, da sie meist als Freelancer und nur zeitweise an Projekten mitarbeiten. Nichtsdestotrotz sind die narrativen Elemente ein wichtiger Bestandteil von Spielen und wirken sich stark auf die Immersion aus. Dabei tragen gerade verzweigende Dialoge dazu bei, dass Spieler, das Gefühl haben, Einfluss auf den Spielverlauf zu besitzen.

Glossar

Aktionsgruppe: Im Verlauf eines Dialogs kann ein Spieler zwischen verschiedenen Aktionen wählen, die gleichzeitig zur Verfügung stehen und somit im selben Dialogmenü dargestellt werden. Diese Aktionen bilden eine Aktionsgruppe, aus welcher der Spieler eine Dialogaktion wählen kann.

Bedingungen: Dialogaktionen in Aktionsgruppen können an Bedingungen gebunden sein. So müssen Dialogaktionen erst durch das Erreichen eines bestimmten Spielerlevels oder Fähigkeitenlevels, das Erlangen eines Gegenstandes oder einer bestimmten Information freigeschaltet werden.

Charaktere: An einem Dialog sind mindestens zwei Charaktere beteiligt. Unterschieden wird zwischen Spieler- und Nicht-Spieler-Charakteren (NSC). Spieler wählen die Dialogaktionen für ihren Charakter aus, was eine Reaktion auf einen NSC darstellen kann oder eine Reaktion eines NSC hervorruft.

Dialog: Als Dialog wird in dieser Arbeit eine Konversation zwischen Charakteren bezeichnet. Dabei kann es mehrere Dialoge zwischen den selben Charakteren in einem Spiel geben. Oft sind Dialoge zweckgebunden, so könnte der Spieler in einem Dialog eine Aufgabe annehmen und in einem weiteren Dialog einen Charakter darüber informieren, dass er diese Aufgabe erfüllt hat. Daraus ergibt sich, dass es in Spielen zu einer Vielzahl von Dialogen kommen kann. Der Anfang eines Dialogs ist häufig das Ansprechen eines Charakters durch den Spieler. Im interaktivsten Fall hat ein Dialog mehrere Ausgangsmöglichkeiten, die sich nach den Entscheidungen richten, die er innerhalb eines Dialoges trifft.

Dialogaktionen: Diese stellen das Handlungsspektrum eines Charakters in einem Dialog dar. Unterschieden wird in dieser Arbeit zwischen einer Handlung und einem gesprochenem Text.

> **Handlungen:** Diese sind vergleichbar mit Regieanweisungen in Drehbüchern. Als Beispiel könnte dort stehen: „Charakter X überreicht Charakter Y einen Beutel voll Gold".

> **Text:** Im Gegensatz zu der nonverbalen Kommunikation erfolgt hier die Informationsvermittlung akustisch. Die gesprochene Sprache ist die gebräuchlichste Kommunikationsform in Spielen.

Im Verlauf eines Dialogs wechseln sich die beteiligten Charaktere mit ihren Aktionen ab.

Dialogbaum: Durch die Möglichkeit sich für Dialogaktionen zu entscheiden, weisen Dialoge eine verzweigte Baumstruktur auf. Die Struktur wird von Game Writern bei der Erstellung von Dialogen genutzt, um so unterschiedliche Ausgänge für einen Dialog zu erzeugen. Jeder Ausgang wird durch einen Zweig des Baumes dargestellt.

Dialogpfad: Ein Spieler sucht sich durch getroffene Entscheidungen einen Weg durch einen Dialog. Diese Folge von Dialogaktionen bildet einen Dialogpfad, der am Anfang des Dialogs beginnt und an einem End- oder Rücksprungknoten endet.

Dialogmenü: In einem Dialogmenü wählen Spieler die Dialogaktionen ihres Charakters aus. Beispiele sind das Dialog-Wheel (Abb. 2.2 Seite 5) und das Dialogmenü aus Skyrim (Abb. 2.6 Seite 8). Als Teil des User-Interfaces steht für ein Dialogmenü und die Darstellung der Dialogaktionen nur ein begrenzter Platz zur Verfügung.

Menütext: Der Platzproblematik wird mit Menütexten begegnet. Hierbei handelt es sich um eine verkürzte Darstellung der Dialogaktionen. Besonders bei gesprochenen Texten ist es häufig nötig, diese nur gekürzt oder sinngemäß darzustellen, um ein Dialogmenü nicht textuell zu überladen.

Endknoten: Diese befinden sich am Ende eines Zweiges des Dialogbaumes und stellen das Ende eines Dialoges dar. Ein Spieler kann nach Erreichen eines Endknotens keine Dialogaktionen mehr aus auswählen, außer er spricht den Charakter erneut an. Ob ein Charakter nach Beendigung eines Dialoges weiterhin ansprechbar bleibt, ist eine Entscheidung des Game Designers und des Game Writers.

Rücksprungknoten: Am Ende eines Dialogzweiges muss nicht zwangsläufig das Ende eines Dialoges erfolgen. Über Rücksprungknoten können Spieler wieder zu einer Aktionsgruppe gelangen, wo sie bereits eine Wahl getroffen haben. Oft befinden sich Rücksprungknoten am Ende von Zweigen des Dialogbaumes, die optionale Informationen vermitteln. Game Writer setzen Rücksprungknoten aber auch ein, um einen Spieler mit Informationen zu versorgen, die neue Dialogaktionen in Aktionsgruppen freischalten.

Abbildungsverzeichnis

2.1   *Einfache Darstellung eines Entwicklungsteams aus Sicht der Game Writer* . .   4

2.2   *Mass-Effect - Das Dialog-Wheel*   5

2.3   *Mass-Effect - Aufbau des Dialog-Wheels*   5

2.4   *Diablo 3 - Videosequenz (mit Leah)*   7

2.5   *Diablo 3 - Scripted-Scene*   7

2.6   *Skyrim - Dialog mit Farengar Heimlich-Feuer*   8

2.7   *Dialoggraph - Gespräch zwischen Guybrush und einem Piraten*   9

2.8   *Dialoggraph - Scheinwahl* 10

2.9   *Dialoggraph - Sprung an den Anfang des Dialogs* 10

2.10 *Beispielskript - Dialog mit Bedingungen* 11

3.1   *Chat Mapper* 14

3.2   *Chat Mapper - Dialogsimulation* 15

3.3   *articy:draft - Dialogansicht* 16

3.4   *articy:draft - Hub und Rücksprungknoten* 16

3.5   *Final Draft - Splitscreen: Scene-View (oben), Normal-View (unten), Navigator (unten rechts)* 17

3.6   *Scrivener - Splitscreen: Skript-Editor (oben), Pinnwand (unten), Ordnerstruktur (links)* 18

3.7   *MindManager - Arbeitsfläche und Notizen (rechts)* 20

3.8   *Calliope - Textuelle Ansicht (Optionen unterer Rand, Kommentar als gelber Kasten* 21

3.9   *Calliope - Grafische Ansicht mit kleiner Zoomstufe* 21

3.10 *Calliope - Grafische Ansicht mit großer Zoomstufe* 22

3.11 *SimDialog - Dialogaktionsbox* 23

3.12 *SimDialog - Dialoggraph* 24

3.13 *ScriptEase - Verhalten eines Hebels* 25

3.14 *Aurora Toolset - Erstellung eines Dialoges* 25

4.1   *Chat Mapper - Originalgröße (links) - Ganzer Baum (rechts)* 35

4.2   *Konzept - Arbeitsoberfläche* 36

4.3   *Finder (Mac OSX) - Ordner zur Darstellung von Dialogaktionen* 36

4.4   *Aktionsgruppe mit drei Dialogaktionen* 38

4.5   *Dialogaktionen - Handlung (links), gesprochener Text (rechts)* 39

4.6   *Endknoten mit Resultat und Schaltfläche* 39

4.7   *Brotkrumennavigation in verkürzter Darstellung* 40

4.8   *Startknoten mit Basisinformationen des Dialoges* 41

4.9   *Dialogfilter - Ohne Auswahl (oben) und mit Auswahl (unten)* 42

5.1   *SketchFlow-Player Arbeitsoberfläche*   44

5.2   *Grafische Oberfläche des Dialogfilters*   45

5.3   *Grafische Oberfläche der Dialogansicht*   46

5.4   *Gekürzte Darstellung der Arbeitsoberfläche*   47

5.5   *Aktionsgruppe mit Infotext*   48

5.6   *Fenster zur Erstellung (links) und Bearbeitung (rechts) von Dialogaktionen* . .   50

5.7   *Vergleich der Resultate zweier Dialogpfade*   51

Literaturverzeichnis

[Bat04] Bob Bates. *Game Design 2nd Edition*. Course Technology PTR, 2004.

[Boe11] Christopher Boelmann. *Authoring-Umgebung zur Erstellung und Modellierung von Dialogen durch Experten*. Diploma thesis, University of Duisburg-Essen, Germany, 2011.

[Inc06] Steve Ince. *Writing for Video Games: A Scriptwriter's Guide to Interactive Media*. Methuen, 2006.

[Kob04] Alfred Kobsa. User experiments with tree visualization systems. In *Proceedings of the IEEE Symposium on Information Visualization*, INFOVIS '04, pages 9–16, Washington, DC, USA, 2004. IEEE Computer Society.

[Lud04] Kerstin A. Ludwig. *STAR - Visualisierung von Daten*. PhD thesis, Universität Konstanz, 2004.

[Mar06] Christie Marx. *Writing for Animation, Comics and Games*. Butterworth Heinemann, 2006.

[McI08] Benjamin P. McIntosh. Ideas wanted for new non-linear dialog editor. AdventureDevelopers.com: http://www.adventuredevelopers.com/forum/index.php?topic=1848.0, 2008.

[MCS+04a] M. McNaughton, M. Cutumisu, D. Szafron, J. Schaeffer, J. Redford, and D. Parker. Scriptease: Generating scripting code for computer role-playing games. *Automated Software Engineering, International Conference on*, 0:386–387, 2004.

[MCS+04b] M. McNaughton, M. Cutumisu, D. Szafron, J. Schaeffer, J. Redford, and D. Parker. Scriptease: Generative design patterns for computer role-playing games. In *Proceedings of the 19th IEEE international conference on Automated software engineering*, ASE '04, pages 88–99, Washington, DC, USA, 2004. IEEE Computer Society.

[Mil56] George Miller. The magical number seven, plus or minus two: Some limits on our capacity for processing information, 1956. One of the 100 most influential papers in cognitive science: http://cogsci.umn.edu/millennium/final.html.

[Neu10] Katja Neuwald. *Authoring for Dialogue in Video Games*. Bachelorthesis, University of Duisburg-Essen, Germany, 2010.

[OBBC08] Charles B. Owen, Frank Biocca, Corey Bohil, and J. Conley. Simdialog: A visual game dialog editor. *CoRR*, abs/0804.4885, 2008.

[Rab12] Richard Rabil. An evaluation of software tools for interactive storytelling. *Methodology*, 2012.

[SS09] J. Siegel and D. Szafron. Dialogue patterns-a visual language for dynamic dialogue. *J. Vis. Lang. Comput.*, 20(3):196–220, June 2009.

[WN11] Robert Walter and Katja Neuwald. Calliope-d : An authoring environment for interactive dialog. 2011.